AF366066

CATALOGUE

D'UNE RICHE COLLECTION

De Coquilles, Madrépores, Minéraux ;
Agathes, Pierres précieuses, Bijoux,
Tableaux, Desseins & Estampes montés, Bronzes, Terres cuites, Porcelaines, Livres & autres objets curieux.

Provenans de la Succession

DE FEU M. JACQMIN,

Jouaillier du Roi & de la Couronne;

Dont la vente se fera en sa Maison Quai
de l'École, le Lundi 26 Avril 1773,
& jours suivans de relevée.

A PARIS,

DE L'IMPRIMERIE DE PRAULT.

Et se trouve

Chez { JOULLAIN, Marchand de Tableaux
& d'Estampes, Quai de la Mégisserie.
Et Me. CHARIOT, Huissier-Com-
missaire-Priseur, même Quai.

M. DCC. LXXIII.

L'ÉTUDE de l'Hiſtoire naturelle s'eſt ſi genéralement répandue, qu'on a vû naître à Paris une infinité de Cabinets dans ce genre. Parmi tous ces cabinets, celui de M. Jacqmin mérite certainement une très grande attention. Il a été formé avec des lumieres très-étendues dans les Pierres & les Cailloux, avec un goût naturel, perfeſtionné par le travail & une grande expérience.

Les grandes occupations de M. Jacqmin auxquelles il ſelivroit tout entier, ne lui permettoient pas de faire une étude ſuivie de l'Hiſtoire naturelle. C'étoit plû-

tôt pour lui un objet d'amuſe-
ment & de diſſipation. En ramaſ-
ſant des coquilles, des madrépores, des criſtaux, &c. ſon but
n'étoit pas de former des ſuites,
mais d'avoir ſous ſes yeux de belles formes & de riches couleurs.
La rareté ſeule & ſans agrément,
n'avoit pour lui aucun mérite ;
mais il étoit très-ſcrupuleux ſur
la conſervation. Il ſembloit qu'il
avoit pris pour modèle M. Sevin,
cet Amateur ſi célébre, & dont
la mémoire vivra longtems parmi les poſſeſſeurs de cabinets. Il
recherchoit avec empreſſement
ce qui lui avoit appartenu, parce qu'il ſçavoit que ſes connoiſ-
ſances l'avoient rendu difficile

dans le choix, & qu'il n'aimoit que les chofes fupérieurement belles. On trouvera dans ce cabinet plufieurs objets qui ont appartenu à cet ancien Amateur.

Les correfpondances que M. Jacqmin avoit naturellement par fon état, dans les pays étrangers, l'avoient mis à portée d'avoir de très beaux morceaux de mines. On fe faifoit un plaifir de l'obliger, parce qu'il étoit obligeant lui-même. Des gens en état par leur pofition autant que par leurs connoiffances, de faire des choix heureux, lui ont envoyé de Saxe, de Suéde, de Dannemark. On peut donc affurer, fans craindre d'en impofer au public, qu'on trouvera dans ce genre des objets d'une beauté rare, peut-être même uniques par leur richeffe & leur agrément.

Il ne nous fera pas difficile de perfuader que les Agathes, les Sardoines, les Jafpes, &c. font d'un choix précieux, & difficile à rencontrer ailleurs. Tout le monde a connu les lumières éten-dues que M. Jacqmin avoit dans fon état, & l'on fent la facilité qu'il avoit de choifir, en voyant chaque jour paffer fous fes mains tout ce qui étoit à vendre dans ce genre.

Son gout pour les arts l'avoit étroitement lié avec les plus cé-lébres artiftes. Ils font infpirés

plus vivement & plus agréablement par l'amitié que par l'inté-
rêt, on ne fera donc point éton-
né de trouver dans ce Cabinet
des tableaux & des deffeins très-
beaux de M^rs. Boucher, Vernet,
&c. &c ; parce qu'ils avoient tra-
vaillé pour leur ami.

On pourroit peut-être defirer
plus d'ordre dans l'arrangement
de ce Catalogue , fur-tout dans
la partie qui regarde l'hiftoire
naturelle : mais des raifons par-
ticulieres ont forcé de hâter cette vente, & nous ont empêché
d'entrer dans des détails & de
faire des defcriptions qui auroient
plû davantage, & auroient été
plus utile à la vente.

Elle commencera le 26 Avril 1773, & jours fuivans de relevée, par les Tableaux, Deffeins, Eftampes, Bronzes, Terres ; continuera par les Coquilles & Minéraux, & finira par les Pierres fines, Agathes, Bijoux & Porcelaines.

On pourra voir les différens objets qui la compofent, le Vendredi 23 & le Samedi 24, depuis neuf heures jufqu'à deux heures.

On diftribuera la feuille indicative de ce qui fera vendu chaque jour.

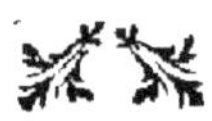

FEUILLE INDICATIVE

des Tableaux, Deffeins, Eftampes, Bronzes, Terres cuites, & autres curiofités, qui feront vendus dans les deux premieres Vacations.

Le Lundi 26 Avril.

Numeros 795, 796, 799, 802, 804, 806, 807, 810, partie de 811, 813, 818, 819, 820, 824, 825, 826, 828, partie de 829, 831, 833, 834, 835, 837, 840, 841, partie de 844, 847, 848, 851, 854, 855, 857, 860, 861, 865, 867, 868, 869, 872, 874, partie de 875, 880, 881, partie de 882.

Le Mardi 27.

Numeros 793, 794, 797, 798, 800, 801, 803, 805, 808, 809, partie de 811, 812, 817, 821, 822, 823, 827, partie de 829, 830, 832, 836, 838, 839, 842, 843, partie de 844, 845, 846, 849, 850,

852 , 853 , 856 , 858 , 859 , 862 , 863 ,
864 , 866 , 870 , 871 , 873 , partie de
875 , 876 , 877 , 878 , 879 , partie de
882 , 883.

Nota. *La Feuille de diſtribution de l'Hiſtoire naturelle paroîtra inceſſamment, & ſera ſuivie de celle des Pierres précieuſes, Bijoux, &c.*

CATALOGUE

*Du Cabinet d'Histoire Naturelle,
Bijoux, Pierres précieuses, Tableaux, Desseins, Estampes, &c.*

Provenans de la succession

De feu M. JACQMIN.

REGNE ANIMAL.

COQUILLES TERRESTRES.

N°. 1 QUATRE Buccins rubanés, de deux espèces différentes, riches en couleur & bien conservés ; deux petits Limaçons de Saint Domingue, jaunes, rubanés de couleur rose ; quatre autres, un peu plus comprimés, minces & de différentes cou-

A

leurs ; un autre Limaçon brun , ap‑
plati. En tout 11 Coquilles.

2 Dix‑sept Limaçons , dont quatre
grands rubanés , de même eſpèce que
ceux du nᵘ. précédent ; trois autres
plus petits , d'eſpèce différente ; le
reſte ſemblable à ceux du n°. précé‑
dent.

3 Trois beaux Buccins , riches en
couleur & bien conſervés , d'eſpèce
différente & peu communs ; ils ont
la bouche à gauche & on les nomme
unique.

4 Trois gros Buccins , ſçavoir, *la
fauſſe Oreille de Midas , le Buccin de
Cayenne* , & un troiſiéme couleur de
roſe en dedans.

Trois autres Limaçons.

5 Un très‑beau Limaçon peu com‑
commun , ſtrié , les bords tranchans
& renflés par‑deſſous.

6 Quinze coquilles terreſtres , dont
ſix Buccins & neuf Limaçons.

Coquilles Fluviatiles.

7 Un très‑gros Limaçon brun , de la
Martinique ; il eſt difficile à trouver

bien confervé, & celui-ci a cette qualité.

8 Quatre *Nerites*, deux rubanées, deux autres noires épineufes, dont les pointes font très-longues & bien confervées, ce qui eft difficile à trouver; trois Buccins de deux efpèces différentes.

9 Deux Limaçons que l'on nomme *Cordon-bleu*; Deux Buccins la bouche en forme *d'oreille*, dont un peu commun; douze jolies Nerites; une petite Moule d'étang, & une autre grande peu commune, elle eft dépouillée & d'une riche couleur; elle a été apportée au dernier voyage de M. de Bougainville.

COQUILLES MARINES.

Vermiffeaux.

10 Un très-bel *Arrofoir* d'environ fix pouces de longueur, la frange qui eft autour de fa tête eft très-large & d'une belle confervation; celui ci eft un des plus beaux qu'il y ait à Paris.

A ij

11 **Deux** grands Tuyaux recourbés verdâtres, nommés *Dentales ;* fix autres *Tubulaires,* en lignes fpirales, nommés *Tireboure.*

12 Six autres groupes de *Tubulaires ;* dont deux font attachés fur des moitiés de Cœur, & un autre fur un Peigne.

13 Un très-beau groupe de Tubulaire, agréablement attaché fur un ourfin très-entier, & fur le bord duquel eft auffi attachée une jolie huitre feuilletée, violette.

Lepas.

14 Deux très-beaux Lepas de l'Inde ; bien confervés & riches en couleur, l'un couleur de rofe, & l'autre fe nomme *le Bouclier ;* celui-ci a toute fa fraicheur & n'a pas même été poli : ils font tous deux d'un grand volume.

15 Trois autres Lepas très-beaux & riches en couleur, un couleur de rofe, & celui qu'on nomme *le Bouclier* ou *écaille de Tortue.*

16 Dix autres Lepas, de moyenne

grandeur, sçavoir, deux *Boucliers*, deux couleur de rose, un étoilé peu commun, & cinq autres.

17 Neuf autres, sçavoir, un étoilé, d'un très grand volume pour son espèce, & différent de celui de l'article précédent; deux grands de *Magellan*, polis & riches en couleur; un autre très-joli du même pays, d'espèce différente; deux couleur de rose; & trois autres, dont deux percés naturellement par la tête.

18 Cinq autres, deux *Magellan* polis, deux autres du même pays rayonnés & percés naturellement par le sommet, le cinquiéme, aussi rayonné, d'un très-grand volume, il est de la Méditerranée.

19 Huit autres, dont un très-grand *Cabochon* de la Méditerranée, & un autre papiracé, chambré dedans.

20 Onze autres, dont un très grand, comprimé par les côtés, nommé *Lepas en bateau*.

21 Treize autres, dont un Cabochon & quatre couleur de rose,

22 Onze autres de moyenne grandeur,

d'un très-joli choix , fçavoir quatre couleur de rofe , deux Cabochons auffi couleur de rofe , un autre papiracé & chambré , celui nommé *l'écaille de Tortue* , un autre comprimé par les côtés , peu commun & d'un deffein très-agréable , deux autres chambrés couleur de pintade.

48*. 23 Vingt-un autres , d'un très-joli choix & d'efpèces différentes.

Oreilles.

10. 24 Vingt-quatre oreilles , d'efpèces différentes & de différentes grandeurs, dont trois grandes fans trous.

6. 2 25 Une très-grande, des Indes orientales ; elle eft d'une riche couleur, mais elle a un trou : on y a joint quelques morceaux de coquilles polies & d'une belle Nacre.

Nautilles.

16. 19 26 Un Nautille papiracé , de la Méditerranée.

18. 27 Un autre un peu plus petit.

12. 2 28 Un Nautille épais , fans être dépouillé, monté fur un pied de bois.

29 Un autre, *id.* bien confervé.

30 Un troifiéme, auffi monté, il eft
dépouillé & percé par le haut pour
faire voir fon intérieur.

Limaçons.

31 Un très-beau Burgau, d'un grand
volume, fans être dépouillé.

32 Un autre dépouillé.

33 Un troifiéme auffi dépouillé.

34 Deux autres qui font auffi dépouillés & montés fur des pieds, en pendant.

35 Quatre Limaçons d'un gros volume, fçavoir, deux Burgaux fans être
dépouillés, une *Bouche d'argent* bien
confervée, & une *Veuve*, elle eft
polie.

36 Six Limaçons, un *Dauphin*, une
Bouche d'or, & une fort belle *peau*
de Serpent, bien confervée.

37 Quatorze autres, fçavoir, une
belle *peau de Serpent*, deux *Dau-*
phins, un *Cadran*, & deux *boutons*
de Camifolle.

38 Dix-neuf Limaçons d'efpèce différente, dont trois *boutons de Camifolle;*

A iv

un petit *rubané* couleur de rose des Isles Mallouines, peu commun ; une *bouche doublée.*

3ᶠ 39 Treize Limaçons, dont la *bouche d'or*, la *bouche d'argent*, plusieurs *mamelons*, & un Limaçon moucheté de blanc, peu commun.

19. 5 40 Dix-neuf Limaçons d'espèce différente & pareils à ceux du n°. précédent.

36. 41 Sept Nerites de choix & riches en couleur, de trois espèces différentes, dont quatre Quenottes saignantes.

39. 42 Dix autres, riches en couleur.

18. 43 Dix autres, d'un joli choix, & deux beaux *boutons de Camisolle.*

24 44 Quatorze autres.

10. 45 Trente-huit autres.

16. 2 46 Seize autres Limaçons, parmi lesquels sont deux *bouches doublées* & trois *sabots.*

12. 47 Cinquante-six *Nerites* d'espèce différente.

—. 10 48 Cent vingt petits Limaçons applatis, d'espèce qui ne sont point plus grands ordinairement, presque tous différens par la couleur & le deffein.

49 Deux *Sabots* d'une très-riche cou- leur, peu communs à trouver de cette beauté ; l'un eft d'un très-gros volume, & l'autre plus petit.

50 Vingt-deux Buccins, Limaçons & Sabots ; tous d'un très-joli choix.

Buccins.

51 Dix-fept jolis Buccins , d'un très- beau choix, parmi lefquels font deux papiers roulés , & plufieurs Mine-rets.

52 Un Sabot nommé *Telefcope*, bien confervé , & deux *Chenilles* de la belle efpèce.

53 Deux *Tours de Babel*, d'un grand volume , riches en couleur , bien confervées ; deux autres Buccins blancs , nommés *Fufeaux de Saint Domingue* ; & un Fufeau à volute tranché , peu commun.

54 Le même Fufeau que le dernier du n°. précédent , la *Grimace*, & fix autres : en tout huit.

55 Un Buccin , du genre des Fu-

feaux , deux *Chenilles* de la grande efpèce , & une Tonne de la Méditerranée nommée *Prépuce.*

56 Deux Chenilles de l'efpèce de celle du n°. précédent, & un beau Buccin *aîlé*, riche en couleur & peu commun.

57 Cinq belles Vis, bien confervées, de trois efpèces différentes ; une *Tour de Babel* de moyenne grandeur ; deux Mitres & un petit Buccin rayé.

58 Onze Coquilles, dont le Buccin *bouche à gauche*, deux *Culottes de Suiffe* & une *Grimace.*

59 Deux Buccins, l'un *bouche à gauche*, & l'autre fa contre partie ; deux Figues, efpèces différentes & le cinquième poli, & d'une riche couleur.

60 Trois Buccins de même efpèce, dont deux font d'un très-gros volume, deux de forme triangulaire, auffi d'un gros volume ; deux autres Buccins d'efpèces différentes.

61 Huit Coquilles, d'efpèces différentes, dont un très-beau *Sabot*, riche en couleur.

62 Dix Coquilles, dont deux belles *Mufiques* & une *Aigrette blanche*.

63 Quatre autres, d'un gros volume, fçavoir, un *Bois vainé*, un *Foudre* & deux *Rochers* d'efpèces différentes.

Porcelaines & Harpes.

64 Quatre Porcelaines, dont le *Crapaud*, une *Harpe* & trois *Foudres*.

65 Cinq autres Porcelaines, de deux efpèces différentes, & deux *Foudres*.

66 Deux Porcelaines, l'*Œuf* & la *Géographie*, & un très-beau *Foudre*.

67 L'*Arlequine* & la *fauffe Arlequine*, avec une efpéce de *Pourpre* peu commune.

68 Vingt-deux Coquilles, dont le grand *Argus* & trois petits, plufieurs Porcelaines & trois mufcades, d'efpéces différentes.

69 Un grand *Fufeau* coloré, deux *Mitres*, d'efpéces différentes, & une *Thiarre* riche en couleur.

70 Un grand *Fufeau* blanc, épais, à tubercules, peu commun ; un autre grand *Fufeau* a dents ; ils font tous deux bien confervés.

71 Deux autres Coquilles de même efpéce.

72 Treize Buccins, dont onze aîlés, efpéces différentes, & deux autres, dont l'*Ivoire*.

73 Une Tonne, nommée *la Perdrix*, une *Figue*, d'une belle couleur, un *Conque Perfique*, une Tonne, nommée le *Prepuce*.

74 Une Tonne, pareille à la derniere du numéro précédent, & une très-belle *Couronne d'Ethiopie*.

75 Vingt-fept Vis & Buccins différens.

76 Huit Coquilles, dont quatre *Cafques*, d'efpéces différentes, une groffe *Tonne*, & trois autres.

77 Cinq autres Cafques, de trois efpéces différentes, & deux Tonnes.

78 Un beau Cafque de la Méditerranée, d'un gros volume & bien confervé, & un Cafque à clouds bleus.

79 Six autres Cafques, dont le *Tricoté* & le *Pavé*.

80 Quatre autres Cafques & deux Tonnes, deux Conques, dont *la Licorne* des Ifles Mallouines.

81 Trois aîlées, dont une couleur de
rofe, peu commune.

82 Deux grandes *Araignées*, d'efpéces différentes, riches en couleur.

83 Deux *Scorpions*, d'efpéces différentes, que l'on nomme mâles & fe-
melles.

Pourpres.

84 Une grande & belle Becaffe épineufe, bien confervée, on fait com-
bien il eft difficile de trouver cette
coquille parfaite.

85 Cinq Pourpres de quatre efpéces
différentes, dont celle à pattes, couleur de rofe, peu commune.

86 Sept autres, des mêmes efpéces
que celles des numéros précédents.

87 Deux Pourpres à *pattes noires*,
deux *Scorpions*, d'efpéces différentes, & une *Araignée* riche en couleur.

88 Cinq Pourpres, de trois efpéces
différentes, deux blanches, deux
brunes de Saint-Domingue, & une
plus grande, à bouche couleur de
rofe, des Indes.

89 Six autres Pourpres, fur l'une def-
quelles eft grouppé un petit *Cœur
épineux.*

90 Sept autres Pourpres, d'efpéces
différentes.

Olives & Cornets.

91 Cinq Olives d'un gros volume;
dont celle de *Panama.*

92 Cinq autres, de mêmes efpéces
que celles du numéro précédent.

93 Trente-fix autres, dont deux groffes
à bouche couleur d'orange.

94 Trente-fix autres, dont une groffe
brune, & deux autres d'un volume
encore plus grand, que l'on nomme
Litterata.

95 Dix-fept autres, moyenne groffeur
& d'un très-joli choix.

96 Un Amiral, bien confervé & vif
en couleur.

97 Six Jolis Cornets de choix, dont
deux nommés *Drap d'or piqueté de
la Chine.*

98 Cinq autres, riches en couleur;
fçavoir, le *drap d'argent, la chieure
de Mouche, le Spectre,* & deux autres.

99 **D**eux très-beaux Rouleaux, peu communs, riches en couleur & bien confervés.

100 **D**eux belles Coquilles, peu communes & bien confervées; *le Damier jaune de la Chine & le Drap d'or jaune*, auffi de la Chine; ces deux Coquilles font d'un volume fort pour leur efpéce.

101 **D**eux autres Cornets; fçavoir, le même *Damier* que celui du numéro précédent, il eft auffi beau & de même volume; la feconde eft celle que l'on nomme *Fauffe oïle de Papillon*.

102 **D**eux Coquilles, d'un très-grand volume & très-bien confervées; l'une fe nomme *la Brunette*, & l'autre *le Drap d'or.*

103 **T**rois autres Cornets, un *Drap d'or*, une *Couronne impériale*, & un Tigre à bandes jaunes.

104 **D**eux Coquilles, d'un gros volume pour leur efpéce, dont la *Couronne impériale.*

105 **Q**uatre Cornets d'un très-gros

volume ; sçavoir, *le Drap d'or jaune*
de la Chine, le Drap d'or ordinaire,
la *Tine de beure & le Taffetas.*

106 Cinq autres, dont *le Cierge* ou
l'Onix, deux *Tigres à bandes jaunes*,
la *Minime*, & un autre Cornet gris
de lin, tacheté de noir.

107 Cinq autres, deux *Tigres à bandes jaunes*, un *Spectre* & deux *Au-
mus.*

108 Cinq autres, dont deux *Damiers*,
d'espéces différentes.

109 Six jolis Cornets de choix, dont
deux Flamboyantes.

110 Six autres, d'un volume plus
gros ; sçavoir, une *Brunette*, un *Damier*, un *Drap d'or*, deux *Navets*
& un *écorché.*

111 Neuf autres d'un gros volume,
dont deux écorchés, deux *Taffetas*,
&c.

112 Quatorze autres d'espéces differentes.

113 Vingt-sept autres, d'espéces différentes.

Bivalves.

114 Quinze Tellines, d'efpéces diffé- 3ˡⁱᵛ 14
rentes.

115 Onze autres. . . . . 6 .

116 Onze autres, dont deux *Soleils le-* 8 . 8.
vans.

117 Treize autres Coquilles , dont 3.
quatre Tellines & plufieurs Cœurs
nommés *la Tulipe.*

118 Dix autres Tellines, dont plu- 6. 4
fieurs font d'un couleur de rofe très-
vif.

119 Dix-fept autres, pareils. 7.

120 Dix autres Coquilles, dont huit 4. 4
Tellines & deux Cœurs.

121 Quatorze Cœurs & Cames, d'ef- 3.
péces différentes.

122 Deux Cames ftriées de Saint-Do- 84.
mingue, toutes deux d'un volume
prodigieux pour leur efpéce.

123 Huit autres, dont deux Cames 7. 4.
coupées de Saint Domingue, avec
un appendice fur les bords, & deux
autres que l'on nomme l'Œuf.

124 Les deux mêmes Cames coupées, 12.
que celles du numéro précédent,

deux *Rapes*, une autre Came *chagrinée*, trois autres Cames & deux Pellerines, en tout, huit Coquilles.

125 Les deux mêmes Cames coupées
de Saint-Domingue, une autre Came
ronde, couleur de citron, bordée
de rouge.

126 Deux autres mêmes Cames coupées, un Cœur strié & quatre Pellerines.

127 Une très-belle Came tuilée, un
Cœur en *zig zag*, un *Conca Veneris*
épineux & la *Rubantine*, deux Pellerines.

128 Un *Conca Veneris* épineux, une
Levantine, trois autres Cames, en
tout, dix Coquilles.

129 Une belle Telline *chagrinée*, deux
Cames en *zig zag*, & deux autres
Cames.

130 Une Came tuilée, trois autres
de Saint-Domingue, de deux espéces différentes & dont une est polie,
deux Pellerines.

131 Cinq Cames de l'Amérique, d'espéces différentes, une Arche de
Noé & deux Pellerines.

132 Quatre Cœurs épineux de la Mé- 4. 5.
diterranée, un autre cœur épineux
de Saint-Domingue, un *Conca Vene-*
ris, poli & fans épines, une *Fraife*
& cinq autres Cœurs de trois efpéces
différentes.

133 Deux belles Tellines, d'efpéces 2 1.
différentes, un *Conca Veneris* épineux & deux Pellerines.

134 Un *Conca Veneris* épineux 5 5.
une Levantine, trois Moules en
forme d'Arche de Noé, d'efpéces
differentes, plufieurs Cœurs, en
tout, onze Coquilles.

135 Onze Tellines, d'efpéces diffé- 5. 2.
rentes,

136 Dix Cames, d'efpéces différentes.

137 Cinq Cœurs, dont trois épineux, 4. 6.
de la Méditerranée, un autre ftrié,
de Saint-Domingue, un en forme
d'Arche de Noé, d'un très-gros
volume & du même pays, une Levantine & une autre petite Came,
en tout, fept Coquilles.

138 Treize Coquilles, Cœurs & Ca- 5.
mes, d'efpéces différentes.

3ª. **139** Neuf autres, d'eſpéces pareilles à celles du numéro précédent.

5. **140** Un *Conca Veneris* épineux, la *Levantine* & dix autres Cames & Cœurs d'un joli choix.

30. **141** Quatorze Cames & Tellines preſque toutes de Saint-Domingue, quelqu'unes ſont polies & riches en couleur.

12. **142** Dix-ſept autres, parmi leſquelles pluſieurs *Conca* de différentes eſpéces.

11. **143** Deux belles Cames de l'Amérique, une Telline avec des rayons couleur de roſe, nommée le *Soleil levant*, un autre auſſi couleur de roſe, baillante par les deux côtés, & quatre peignes nommés *Pellerines*.

29. **144** Une Came couronnée *Cedo nulli*, deux autres petites Cames mouchetées de noir, peu communes, un Peigne ſans oreilles, une Moule de Marſeille, deux *Conca*, d'eſpéces différentes, & un Peigne nommé *Pellerine*.

40. **145** La même Came que celle du numéro précédent, nommée *Cedo nul-*

li, une superbe Moule de Magellan,
d'un grand volume & riche en couleur, une autre striée violette, des
Isles Mallouines, & quatre autres
d'espéces différentes.

146 Une autre Moule de Magellan,
polie, & une de Marseille d'une
riche couleur verte.

147 Une autre Moule de Magellan,
deux de Marseille, riches en couleur, & six autres Coquilles.

148 Une autre Moule de Magellan, &
une striée des Isles Mallouines.

149 Dix Moules d'espéces différentes.

150 Neuf autres, dont une striée peu
commune, deux de Marseille.

151 Sept Moules de l'espéce que l'on
nomme *Oiseau*, & quatre autres
Moules du genre des meres Perles.

152 Une Arche de Noé riche en couleur, deux *Conca Veneris* épineux &
onze autres Coquilles.

153 Un Cœur nommé le *Chou*, ces deux
Coquilles sont riches en couleur &
bien conservées.

154 Les deux mêmes Coquilles, également bien conservées.

12.ᵗ 4 **155** Deux Coquilles pareilles.

36. **156** Un *Cœur de Vénus*, d'un volume très-confidérable pour fon efpéce.

48. **157** Un autre *Cœur de Vénus*; celui-ci eft en bateau & eft rayé de couleur jaunâtre, ce qui eft peu commun à trouver.

Peignes.

60. **158** Un très-beau *Manteau Ducal* par fon volume & la richeffe de fes couleurs, quatre autres Peignes d'un grand volume pour leur efpéce, dont le deffein & les couleurs font très-agréables.

48.6**159** Deux autres *Manteaux Ducaux* qui font auffi d'un grand volume, tous deux de couleurs différentes, quatre Pellerines.

88. **160** Un autre Manteau Ducal, & un Peigne nommé *Coraline*, ces deux Coquilles font d'une taille moyenne, mais d'un joli choix.

36 2**161** Quatre autres Peignes; fçavoir, un très-beau *Manteau Ducal*, un autre que l'on nomme *Bourfe* ou *Gi-beciere* & deux Pellerines.

161 *Bis.* Deux autres petits *Manteaux* 65.ᵃ
Ducaux, & un Peigne convexe des
deux côtés, couleur de Carmin ;
cette efpéce eft peu commune.

162 Six autres Coquilles ; un *Manteau* 30.
Ducal, une *Gibeciere* & quatre *Pel-*
lerines.

163 Cinq autres Peignes ; un *Manteau* 24.
Ducal, une *Coraline*, deux Pellerines & un Peigne fans oreilles.

164 Une *Coraline*, d'un volume très- 30.
confidérable, fans être piquée des
Vers, elle eft riche en couleur, &
porte fur elle une jolie petite Huitre
épineufe : plus, un Peigne que l'on
nomme *la Sole* de Saint-Domingue.

165 Les deux mêmes Coquilles que 34.
celles du numéro précédent ; elles
font auffi belles.

165 *Bis.* Deux *Benitiers*, une *Sole* & 24.
cinq belles Pellerines.

166 Huit Peignes ; fçavoir, deux *So-* 14.
les des Indes ; l'une des deux eft
couleur de rofe deffus & deffous, ce
qui eft peu commun, deux autres
Soles de Saint-Domingue, deux belles Pellerines & deux Peignes de la
Méditerranée.

167 Sept autres, dont *le Benitier de* la Martinique.

168 Vingt-quatre Peignes d'efpéces différentes.

169 Vingt-deux autres.

170 Vingt-fix autres.

171 Dix-huit autres.

172 Vingt autres.

173 Dix-fept autres.

174 Quinze autres.

175 Vingt autres.

176 Quinze autres.

177 Seize autres.

Huitres épineufes.

178 Une Huitre épineufe des grandes Indes, *à pattes de Crapaud,* bien confervée, de couleur lylas.

179 Une autre Huitre épineufe des grandes Indes, adhérante aux *Cailloux,* un *gateau* de Saint-Domingue, Pourpre, attaché fur une Pourpre triangulaire, un joli grouppe d'une Huitre nommée *Gateau feuilleté,* couleur de citron.

180 La même Huitre épineufe des grandes Indes, que celle du numéro précédent,

180 *Bis.* Un *Gateau feuilleté* de Saint- *a*ᵗ 2.
Domingue , de couleur pourpre &
jaune ; un groupe de trois Coquilles
de la même efpéce , également pourpre & jaune.

181 Un groupe de trois Coquilles , 13. 6
attachées fur un morceau de Madrepore , un *Gateau feuilleté* jaune ,
une grande Huitre épineufe , riche
en couleur , garnie de grandes pointes & de feuilles ; une autre de la
Méditerranée.

182 Une très-belle Huitre de Saint- 55.
Domingue , bombée des deux côtés ,
toute blanche , à l'exception de la
tête qui eft orangée ; fes pointes font
très-longues & bien confervées.

183 Deux autres de Saint-Domingue , 18.
dont les pointes font fort longues &
bien confervées ; elles font de deux
couleurs différentes.

184 Un très-joli groupe , compofé de 55. 19
trois Huitres de Saint-Domingue ,
dont les pointes font bien confervées ; une autre de la Méditerranée ,
dont les pointes font auffi très-longues & bien confervées.

B

8ᵃ 11 185 Un groupe de deux belles Huitres de la Méditerranée, une autre Huitre de Saint-Domingue.

42. 186 Deux autres de Saint-Domingue, l'une des deux eſt groupée ſur une branche de Corail blanc oculé.

8. 187 Un *Gateau feuilleté* jaune, de Saint-Domingue; deux autres pourpres, un des deux eſt groupé ſur une Arche de Noé; cinq autres Coquilles.

.6. 188 Huit autres.

4. 10 189 Six autres.

30. 190 Trois autres, dont deux de Saint-Domingue & une de la Méditerranée.

12. 191 Sept autres Huitres de Saint-Domingue.

6 192 Deux autres & deux Cœurs épineux, du même pays.

30. 12 193 Trois autres; une très-groſſe, couleur de lylas; une autre, attachée ſur une branche de Corail oculé; la troiſiéme, qui eſt moins bien conſervée, eſt des grandes Indes.

4. 194 Deux Cœurs épineux de Saint-Domingue, deux Huitres épineuſes

du même pays, & un groupe de deux *Gateaux feuilletés* pourpres.

195 Six autres épineuses & deux sans épines, d'une forme allongée.

196 Deux *Gateaux feuilletés* de Saint-Domingue, deux Huitres épineuses, un *Cœur* épineux, du même pays, & une Huitre de la Méditerranée.

197 Une Huitre épineuse des grandes Indes, de celles que l'on nomme *pattes de Crapaud* ; une autre de Saint-Domingue.

198 La même Huitre *à pattes de Cra-paud*, que celle du numéro précédent ; une autre Huitre épineuse, aussi des grandes Indes, blanche & à pointes très-fines ; deux *Cœurs* épineux de Saint-Domingue, un blanc & l'autre pourpre ; les deux mêmes *Cœurs*, groupés sur deux Pourpres à long bec, & deux Pelures d'oignon, riches en couleur.

199 Un très-beau *Gateau feuilleté* de Saint-Domingue, couleur de citron, sur lequel est groupé un autre petit Gateau pourpre ; trois beaux Cœurs épineux, dont un couleur de rose,

groupés tous trois fur un morceau d'Huitre.

40⁴. 200 Trois Huitres des grandes Indes; l'une orangée, deux autres, pintadées, & un petit Cœur épineux, monté fur une Pourpre.

23.12 201 Une autre Huitre des grandes Indes, brune à pointes blanches, une de Saint-Domingue, riche en couleur & garnie de pointes très-longues.

30. 202 Une autre des grandes Indes, à tête blanche mouchetée de noir, le refte eft fond brun avec des pointes jaunes; un *Gateau feuilleté* de Saint-Domingue, fur lequel font groupées une infinité de petites Huitres de même efpéce; un Cœur épineux du même pays.

16. 203 Une très-groffe Huitre épineufe, de la Méditerranée, riche en couleur & dont les pointes font bien confervées, elle eft chargée de plufieurs Tubulaires; une autre belle Huitre blanche à tête rouge, de Saint-Domingue.

30. 204 Un groupe de trois Huitres, nom-

mé le *Gateau feuilleté* des grandes
Indes ; une autre petite Huitre citron,
aussi des grandes Indes.

205 Une grosse Huitre épineuse, pourpre & blanche , des grandes Indes ;
deux de Saint-Domingue & une de
la Méditerranée.

206 Deux autres de Saint-Domingue,
& un *Cœur* épineux couleur de rose,
du même pays.

207 Deux autres très-belles ; l'une de
Saint-Domingue & l'autre de la
Méditerranée.

208 Cinq *Gateaux feuilletés* & un *Cœur*
épineux.

209 Cinq autres, dont trois de Saint-
Domingue & deux de la Méditerranée

210 Un joli Groupe de deux Huitres
épineuses des Indes attachées sur un
rocher ; deux autres Groupes de Gateaux feuilletés de Saint-Domingue,
& un Cœur épineux couleur de rose
du même pays.

211 Deux *Gateaux feuilletés* de Saint-
Domingue, dont un est groupé sur
un morceau de came, deux Huitres

épineuses & deux *Cœurs* épineux du même pays.

9ª 2 212 Plusieurs Huitres épineuses, deux *Cœurs* épineux d'une riche couleur en-dedans, & plusieurs autres; en tout neuf Coquilles.

5. 213 Un Groupe de deux Huitres épineuses de la Méditerranée, trois Gateaux feuilletés, trois petites Griphites groupés ensemble, trois *Cœurs* épineux de Saint-Domingue, & une Moule nommée *Jamboneau*, sur laquelle est groupée une Huitre.

214 Plusieurs Huitres non épineuses groupées sur des branches de manglier, plusieurs manches de couteaux, des Moules, trois *Jamboneaux*, &c.

15. 215 Plusieurs Moules, deux petits *Jamboneaux*, une Arche de Noé, une grande *Pholade* de l'Amérique, &c.

6. 216 Une grande *Pholade* de l'Amérique, quatre Dails polies, une plus petite & une autre renfermée dans un caillou très-dur, où cette espéce de Coquille vit ordinairement, un Groupe de Glands de Mer, & un autre de Conques anatiferes groupés sur un caillou.

217 Plusieurs grosses Coquilles, com- 686.
me Casques, Buccins, Oreilles, Benitiers & quelques Tiroirs de Coquilles de peu de valeur, qui seront
détaillées dans le cours de la vente.

O U R S I N S.

218 UN Oursin à gros bâtons Onix 8o.
des grandes Indes.

219 Un autre à très-grands bâtons trian- 12o. 2
gulaires & pointus, bien garnis naturellement de toutes ses pointes, de
l'Isle de Bourbon.

220 Un autre Oursin à pointes rondes 14.
& violettes, & un autre d'espéce
différente.

221 Un très-bel Oursin garni de ses 24.
pointes, qui est très-difficile à con-
server ; on le croit d'Amérique.

222 Deux autres Oursins de même es- 17. 3
péce, dont l'un a ses pointes, &
l'autre en est dépouillé ; mais ce dernier est d'uue configuration extraor-
dinaire.

B iv

4. 12 223 Un Ourfin à très-grands bâtons,
de la Méditerranée, un autre dont
les bâtons font moins longs, de l'A-
mérique, un troifieme violet, dont
les feuilles font en forme d'artichaut,
du Cap de Bonne-Efpérance, deux
autres qui ont perdu leurs pointes.

3. 5 224 Dix Ourfins dégarnis de leurs
pointes, parmi lefquels eft celui que
l'on nomme *Pied-de-poulain.*

3. 1 225 Deux fort gros Ourfins, l'un de
Saint-Domingue, & l'autre de la
Méditérranée, tous deux avec une
partie de leurs pointes, un autre
d'une taille moins confidérable, que
l'on croit auffi de Saint-Domingue,
avec fes bâtons.

18. 14 226 Deux autres pareils au premier du
n°. précédent, ils font garnis de
leurs pointes, & deux autres petits
fans pointes, de forme ovale.

4. 19 227 Deux Ourfins plats, dont un eft
percé de cinq trous, & l'autre de fix;
un Ourfin ovale, de l'Amérique,
garni de fes pointes, & trois autres
de deux efpéces différentes, fans
pointes.

228 Six autres pareils à ceux du n°. précédent

229 Vingt-deux Oursins de différentes grosseurs & de différentes espéces, parmi lesquels sont le *Pied-de-poulain* & l'Oursin plat percé de cinq trous.

230 Etoiles de Mer, Meduses & Crabes qui seront détaillés lors de la vente.

Coraux, Polipiers, Madrepores, Astroites, Meandrites, Lythophites, Éponges, &c.

231 UNE branche de Corail rouge dépouillé de son écorce, de onze pouces de haut sur six de large.

232 Une autre plus petite en forme de buisson.

233 Une autre pareille.

234 Une très-grosse Souche avec des branches fortes, de même Corail dépouillé & poli.

235 Une autre pareille.

B v

236 Une autre plus petite.

Tous ces Morceaux sont montés sur des pieds de bois.

237 Deux autres.

238 Trois Roches sur lesquelles sont des naissances de Corail.

239 Plusieurs morceaux de Corail, dont un poli sur un petit pied d'ivoire.

240 Un gros Buisson de Corail oculé, blanc.

241 Deux autres, moins considérables.

242 Deux Rochers, sur l'un sont différentes branches de Corail rouge, & sur l'autre, deux grosses branches de Corail jaune, oculé de la Méditérranée.

243 Un très-gros morceau de Madrepore, monté sur un pied de bois de chêne.

244 Deux autres d'espéces différentes, un de Saint-Domingue, & l'autre de l'Isle Bourbon.

245 Deux autres de même nature.

246 Quatre autres montés sur des pieds de bois tourné.

247 Quatre autres dont deux fur des *3. 4.*
pieds de bois tourné.

248 Trois autres montés auffi fur des *4. 11.*
pieds de bois tourné.

249 Cinq autres, l'un en forme d'œil- *5. 10*
let, & un en Méandritte.

250 Une très-groffe Méandritte, com- *6. 14*
munément appellée *Cerveau marin,*
& deux autres Madrepores en forme
de feuilles, de Saint-Domingue.

251 Une grande Limace & un Cham- *24. 4*
pignon rempli de plufieurs autres
naiffans.

252 Un très-grand Madrepore en *9. 19*
forme d'*Evantail,* monté fur un pied,
un autre d'efpéce différente.

253 Un très-grand Madrepore en *feuil-* *10. 19*
les de choux monté fur un pied noir.

254 Deux autres d'efpéces différentes *4. 14*
& une Aftroite.

255 Un autre Aftroite & une Méan- *6.*
dritte nommée communément *Cer-*
veau marin.

256 Une autre Méandritte & un Ma- *12.*
drepore en *feuilles de choux.*

257 Trois autres efpéces différentes, *18. 2*
dont deux montés fur des pieds.

B vj

258 Un petit Madrepore en forme d'œillet, un autre formant un buisson, de l'Isle de Bourbon, & une petite Astroite, tous trois montés sur des pieds tournés.

259 Huit Madrepores d'espéces différentes.

260 Deux autres montés sur des pieds quarrés revêtus de marbre, & une Astroite de forme ronde.

261 Un très-beau morceau de Tubipore rouge, nommé communément *Tuyau d'orgue*, & un Madrepore de la Méditerranée.

262 Un autre *Tuyau d'orgue* & une jolie Astroite.

263 Un gros groupe de Tubes vermiculaires, & deux autres Madrepores d'espéces différentes.

264 Un joli Groupe de Madrepore en forme d'œillet, sur lequel est adhérante une petite huitre jaune nommé *Gateau feuilleté*, de Saint-Domingue.

265 Plusieurs petits & communs Madrepores qui seront détaillés.

266 Un superbe Morceau de Lytophitte, que l'on nomme communé-

ment *Corail rouge* des Indes ; il eſt
dans la forme d'un évantail, haut de
13 pouces & large de 17. Cette eſpéce eſt fort rare.

267 Pluſieurs autres Lytophites & -8-
Eponges, qui feront auſſi détaillés
lors de la vente.

268 Onze Boccaux contenans dans 13.4
l'eſprit-de-vin des inſectes, oiſeaux
& fruits.

MINERAUX.

269 Pluſieurs Morceaux d'Ambre qui 221.
feront détaillés.

270 Un très - gros Morceau de Char- 5.14
bon de terre, gorge de pigeon, une
Stalactique & une Stalagmite en forme de choufleur.

271 Trois Morceaux de Charbon de 5.10
terre, deux de Stalagmitte & un
Spalt calcaire, nommé *Ludus elmonti*, avec un Spalt calcaire criſta-
lifé.

272 Spalt calcaire & Prifme à fix pans; 13.14
ce morceau eſt peu commun.

273 Deux très - beaux Morceaux de 6. 4.
Spalt calcaire Romonidal, appellé

Criſtal d'Iſlande, & un Spalt calcaire
en priſmes à ſix pans.

274 Spalt calcaire lenticulaire, deux
autres Spalts calcaires, deux autres
en piramides à ſix pans, connus ſous
le nom de *Dent de cochon.*

275 Spalt ſtrié, un autre.

276 Pluſieurs ſuites d'Albâtres orientales & d'Eſpagne, de marbres, &
Serpentines en plaques & vaſes, qui
feront détaillés.

277 Deux Morceaux de Stalagmite
calcaire, l'un blanc & l'autre bleuâ-
tre avec de la terre martiale, connu
ſous le nom de *Flos ferri.*

278 Groupe de Criſtaux de Spalt fuſi-
ble, cubique, couleur jaunâtre, &
un autre de Spalt ſeluniteux feuilleté, recouvert de petits criſtaux de
quarts.

279 Sept Morceaux différens de Spalt
fuſile cubique.

280. Sept Morceaux de Spalt ſeluniteux, dont quelques-uns ſont cou-
verts de pirites cuivreuſes.

281 Deux Groupes de Spalts ſeluti-
neux, nommés *Spalts perlés ;* ils re-

couvrent des druzes de quarts ; ces Morceaux font très-beaux.

282 Un très-beau Morceau d'Amiante, recouvert de criftaux de Bazafte.

283 Un beau Morceau d'Arbefte, une Pierre olaire ftriée, & cinq Morceaux de Gifpe pierre à plâtre.

QUARTS.

284 Deux beaux Morceaux de quarts, dont un fert de matrice à des Criftaux à deux pointes , du Dauphiné.

285 Trois autres, dont un de Criftaux à deux pointes, un de Criftal de roche à éguilles , & le troifiéme de Madagafcar.

286 Sept Morceaux de Criftal de roche.

287 Quatre autres d'un très - joli choix.

288 Six autres pareils.

289 Quatre Morceaux variés de Criftal de roche.

290 Cinq autres.

291 Un très-gros Groupe de Criftaux de roche.

292 Un autre pareil.

293 Un autre gros Groupe verdâtre.

4.ᵈ 294 Deux autres différens dans leur forme.

226. 15 295 Plufieurs autres Criftaux de roche taillés fous différentes formes, & dans lefquels fe trouvent divers accidens, comme Iris, &c. qui feront détaillés lors de la vente.

3. 11 296 Trois Morceaux efpéce de Calcédoine, dont deux bruts & un poli.

3. 297 Trois Morceaux qui contiennent des Grenats rougeâtres, & un dans du Mica noir.

18. 4 298 Un très-beau Morceau de Schotl noir, & une topaze criftalifée, avec plufieurs criftaux de quarts.

9. 299 Cinq Morceaux de Zeolites ; ils viennent d'Iflande, & font rares.

MERCURES.

144. 300 Un fuperbe & rare Morceau de Cinabre d'Almaden en Efpagne, recouvert de Criftaux de Gypft.

48. 301 Un autre Morceau plus petit, pareil au précédent.

68. 19 302 Un autre pareil.

8. 303 Beau Morceau de Cinabre, Vermillons des Romains d'Almaden.

304 Deux Morceaux, l'un de Cinabre
& l'autre de Mercure coulant.

305 Six autres Mercures & Cinabres.

306 Une pirritte arsenicale avec quarts
& trois Morceaux d'Orpiment naturel.

307 Un Morceau de Soufre minéralisé
par l'arsenic ; deux jolis Morceaux
de Rubine d'arsenic de la Solphata-
re, près de Naples.

308 Une Mine de Cobalt arsenicale ,
& une autre noire avec du Spalt.

309 Un Morceau de Kupfernikel & un
Cobalt de Dieber Haflen en Allemagne.

310 Deux très - beaux Morceaux de
Fleurs de Cobalt criftalifé tranfpa-
rens.

311 Bifmut dans du Spalt, & un autre
gorge de pigeon.

312 Galenne à grandes facettes, avec
Bleinde jaune , lumineufe , en la
frottant à l'obfcurité avec un cou-
teau.

313 Trois Morceaux de Bleinde avec
du Spalt calcaire.

314 Trois autres Morceaux de Galei-

ne à petites facettes avec de la mine d'argent blanche ; on dit que c'est une vraie mine de zinc.

15ᵗ 12 315 Un beau Morceau de Fleur d'Anti moine rouge & grise dans du quarts & du schiste de Freybergt.

3. 316 Deux autres Mines d'Antimoine d'Aldeyra en Espagne, trois antres.

FER.

8. 1~ 317 Une Mine de Fer séculaire de l'Isle d'Elbe , riche en couleur, & une autre Mine de Fer spatique en décomposition.

9. 318 Deux autres pareilles, & une Hématique brune.

12. 319 Un joli Morceau de Fer brun & cristalisé.

12. 320 Hématique rouge en globules rondes.

3. 321 Cinq Morceaux de Mine de Fer spatiques variés.

8. 322 Un Morceau de mine de Fer spatique mamellonné sur une druze de quarts, & une Hématique rouge & noire.

9. 323 Neuf Hématiques & Fer spéculaire de l'Isle d'Elbe.

324 Fer spatique mêlé de pirrittes, & 4 14
chargé par-dessus d'une druze de
quarts ; autre Fer spéculaire avec
spalt calcaire de Guadalcanal.

Cuivre.

325 Mine de Cuivre azuré sur du spalt 4 4
fusible, Vert de montagne avec de
l'ocre & du spalt fusible & un morceau de Cuivre rosette.

326 Cuivre tigré riche en couleur avec 8 2
spalt fusible ; deux autres Mines de
Cuivre.

327 Cuivre hépatique, autre azuré, & 4
deux autres.

328 Beau Morceau de Mine soyeuse 8 19
du harts, un autre couvert d'un
quarts jaune & un morceau de rosette.

329 Autre Mine soyeuse du harts, un 6 4
chatoyant & tigré, deux autres.

330 Un trés-joli Morceau de Mala- 9 10
quitte mamellonnée soyeuse sur du
quarts recouvert de terre martiale
rougeâtre, une autre hépatique, &
un bleu de montagne.

331 Mine de Cuivre gorge de pigeon, 6

riche en couleur, une autre bleue &
verte fur du fpalt fufible, deux autres.

9* 332 Un fuperbe Morceau gorge de
pigeon fur un fpalt calcaire, un vert
de montagne.

4. 333 Cuivre natif avec de la mine de
Cuivre vitreufe rouge, autre Mine
foyeufe du harts avec terre martiale,
& deux autres.

4. 334 Quarts Morceaux de Cuivre, dont
un azuré.

335 Dix - huit Morceaux de Cuivre
variés.

P L O M B.

4. 4 336 Deux Morceaux de Galenne, dont
un chatoyant des plus vives couleurs.

8. 337 Un très-joli Morceau de Galenne
octaedre, & un chargé de fpalt en
piramide.

338 Trois Morceaux dont un de Plomb
vert criftalifé, une Galenne chargée
de quarts.

18. 339 Trois autres, dont un joli Morceau de Plomb vert.

340 Trois autres, dont un Plomb
blanc & un noir criſtaliſé en priſmes
à ſix pans.

341 Quatre autres, dont deux de Plomb
blanc, & une Galenne avec Spalt
calcaire.

342 Très - beau Morceau de Plomb
vert à petites éguilles, & deux Galennes.

343 Trois Morceaux très - agréables ;
un Plomb blanc, un noir & un vert
du harts.

344 Un Plomb noir criſtaliſé de Poulavoine, & deux autres.

345 Cinq autres, dont un Plomb blanc
de Poulavoine.

346 Deux Plombs blancs, dont un eſt
chargé de terre martiale, une Galenne & un Morceau de Litarge en
criſtaux lamelleux, tranſparens, arti-
ficiels.

347 Un très-beau Morceau de Plomb
blanc en criſtaux priſmatiques tron-
qués, & quatre Galennes.

348 Un très-beau Morceau de Plomb
blanc de Poulavoine.

349 Un très-beau & gros Morceau de

Plomb noir de Poulavoine.

350 Un autre de pareille nature.

351 Beau Groupe de Criſtaux de Plomb blanc recouvert de ſtalagnites de Plomb jaunâtre de Poulavoinne.

352 Un autre de même nature plus conſidérable.

353 Un grand & ſuperbe Morceau de Plomb vert mamellonné.

354 Neuf Morceaux de Plomb variés.

ETAIMS.

355 Un beau Morceau d'Etaim noir ſur du quarts.

356 Deux Morceaux Etaims noirs, dont un avec pirittes arſenicales dans des fleurs bleues & blanches.

357 Etaims noirs.

358 Sept autres.

ARGENT.

359 Un beau & rare Morceau d'Argent natif ſur un gros criſtal d'Argent vitreux ; l'Argent natif s'y trouve dans deux états ; la partie ſupérieure repréſente une gerbe compoſée de fi-

bres paralelles, qui a 14 lignes à la
bafe & trois pouces de hauteur; le
deffous de cette maffe eft de l'Argent
en cheveux.

360 Argent natif arborifé mêlé avec 48.ᵗ
de l'Argent vitreux dans du fpalt
blanc, de Freybergt.

361 Argent natif fur un fpalt calcaire, 28.19
de Norvege.

362 Autre pareil. . - - - - 40.

363 Autre pareil. - .. - - 15. 2

364 Un Morceau pareil, & un d'Ar= 6. 4.
gent gris.

365 Trois autres, dont un en végéta- 24.
tion, & un capilaire.

366 Trois Argents natifs noirs, un Ar= 4. 6
gent gris avec cuivre jaune & fer fpa-
tique.

367 Un joli Morceau Argent natif en 16. 3
végétation, autre dans de la piritte
& du fpalt bleu, un troifiéme Argent noirâtre.

368 Argent natif en végétation dans 10. 10
du fpalt bleu & blanc, un Argent gris.

369 Quatre Argents gris; dont un de 5. 15.
Cafalla en Andaloufie avec fpalt, &
un autre d'Argent natif dentellé avec

de l'Argent vitreux & rouge.

86ᵗ 370 Un très-beau Morceau d'Argent rouge criſtaliſé de Sainte-Marie, un autre petit.

45.10 371 Un autre de même nature plus riche.

20.19 372 Un autre pareil.

7. 373 Trois Argents rouges & un Argent grisâtre.

5. 374 Deux Argents rouges & un gris.

OR.

26.11 375 Quatre Morceaux de mine d'Or variés.

14. 276 Deux onces de Platine, ou Or blanc.

SOUFRES.

30. 377 Un très-beau Morceau de Souffre natif criſtaliſé.

PIRRITES.

5.15 378 Deux gros Morceaux de Spalts calcaires criſtaliſés, dont l'un eſt chargé de Pirrittes arſénicales, & l'autre cuivreuſe.

6. 379 Deux autres d'une couleur très-agréable.   380

380 Un grand & beau morceau de
Pirrites cuivreuses, gorge de pigeon.

381 Deux autres, riches en couleur.

382 Trois autres pareils.

383 Quatre autres.

384 Trois Pirrites, dont deux cubi-
ques & une dans du Spalt calcaire.

385 Trois Pirrites ferugineuses & trois
cristallisations.

386 Une grande Boëte quarrée, garnie de verre des quatre côtés & fer-
mant à clef, dans laquelle sont ren-
fermés des branches qui paroissent
d'ifs incrustés dans les eaux d'Arcueil.

387 Un Artichault, un Bouquet de
feuilles & fruits, & un petit panier
incrustés, d'une matiere pierreuse.

PIERRES.

CORNALINES.

388 Quatre Plaques de Cornalines;
deux rouges ovales d'ancienne Roche & deux jaunes quarrées.

389 Deux Cornalines jaunes de même grandeur, quarrées, & cinq autres.

390 Quatre autres rouges d'un grand
volume.

C

391. Quatre autres de même grandeur à peu près.

392 Deux autres d'un grand volume & sept plus petites.

393 Neuf Morceaux travaillés sous différentes formes, parmi lesquels se trouve une Plaque de Cornaline blanche piquetée de rouge.

394 Quatre autres Plaques de Cornalines, dessinées régulierement par la Nature.

395 Deux autres belles & d'un grand volume, œillées.

396 Douze grains de Calcédoine, & deux autres grains d'Agatte rubannée.

SARDOINE.

397 Un beau Morceau de Sardoine brut avec des Mamellons en forme de Stalactique, un autre Morceau de même nature, & un troisiéme taillé en forme de loupe.

398 Deux Morceaux de Sardonix.

399 Douze grains percés de Sardonix.

400 Douze autres.

401 Treize autres plus petits.

402 Quatorze autres, dont un en for- 4ᵈ.10
me d'Olive, d'un gros volume.

403 Vingt-quatre autres. 5

404 Vingt-cinq autres. 5.4

405 Une grande Plaque ovale Sardo- 250.
nix, de trois pouces dans sa plus
grande étendue, & de vingt-deux
lignes dans sa moindre; on avertit
qu'elle a un étonnement. Trois autres, aussi très-belles, de différentes
grandeurs, qui seront détaillées.

406 Une superbe Plaque de Sardoine, 127.
d'une couleur foncée, ovale, portant 2 pouces 2 lignes, sur 1 pouce
9; elle est gravée.

407 Une autre de même matiere mais 4.
moins foncée, d'un pouce 9 lig.
sur 1 pouce 4; elle est aussi gravée.

408 Six Plaques de Sardoine, très- 21.
transparentes, taillées pour faire une
tabatiere quarrée.

409 Trois jolies Plaques de Sardoine, 21.12
contournées, qui ont été coupées du
même morceau.

410 Quatre échantillons de Sardonix, 12.
d'une belle pâte & de différentes
formes.

C ij

411 Deux Plaques de Sardoine, mamellonnées, propres à faire une tabatiere, & une grande de même matiere.

412 Trois autres Plaques de même matiere, une ovale & deux quarrées.

413 Neuf petites Soufcoupes de différentes grandeurs, & trois autres morceaux de différentes formes, le tout de même matiere.

414 Dix échantillons de Sardoine, rubannées.

415 Cinq Plaques, Sardoines rubannées.

416 Neuf morceaux, Agathes ou Sardoines œillées.

417 Trois très-belles Plaques ovales de Sardoines rubannées.

418 Deux autres, remarquables par des couleurs d'un rouge vif.

419 Trois autres, de différentes formes, dont deux rubannées.

420 Cinq autres, dont trois quarrées & deux rondes.

421 Quatre belles Plaques, Sardoines rubannées, deux ovales & deux quarrées, propres à faire des tabatieres.

422 Deux très-grandes Plaques ovales, Sardoines rubanées.

423 Onze échantillons de Sardoine.

424 Quatorze autres.

AGATHES ARBORISÉES.

425 Une grande Plaque, d'Agathe
orientale, arborifée, de 2 pouces
fur un pouce & demie.

426 Une autre un peu plus grande,
aborifée également.

427 Une autre, quarrée, de 2 pouces
2 lig. fur 1 pouce 8 lignes, garnie
d'arborifations fur différens plans.

428 Une grande Agathe arborifée,
ovale, dans un entourage d'or, dont
l'arborifation eft d'un beau noir fur
un fond criftalin ; elle vient du Cabinet de M. l'Abbé de Fleury.

429 Une Agathe arborifée, de forme
prefque quarrée, de 14 lignes fur 13.
Cette pierre eft finguliere, en ce
qu'elle repréfente un plan d'arbres
dont l'ombre paroît réfléchie dans le
bas de la pierre ; c'étoit une des plus
diftinguée du Cabinet de M. Sevin.

430 Une autre plus petite, précieufe

par sa finesse, qui vient encore du Cabinet de M. Sevin.

431 Une autre, de forme ronde, de 15 lignes de diametre, moins foncée en couleur.

432 Une, ovale, de 15 lignes dans son plus grand diametre.

433 Une autre, ronde, de 14 lignes de diametre, d'une arborisation fine.

434 Une autre, ovale, de 18 lignes dans sa plus grande étendue ; elle est laiteuse, l'arborisation en est noire.

435 Une Agathe arborisée onix, de forme ovale, de 16 lignes dans sa plus grande étendue : cette pierre est singuliere, en ce que l'arborisation est jaune sur un fond blanc.

436 Une Agathe ronde, de 16 lignes de diametre.

437 Une Agathe d'Allemagne, ovale.

438 Une belle Agathe, pour bague.

439 Une autre, également belle, pour bague.

440 Deux Agathes arborisées.

441 Deux autres, ovales, dont une est très-fine.

442 Deux Agathes, ovales, pareilles 24. 2
  aux précédentes.
443 Deux Agathes, noires & rouges, 25.
  pour bagues.
444 Une grande Agathe, quarrée, 21.
  de 21 lignes fur 15, très-fine.
445 Deux Agathes triangulaires, arbo- 7. 10
  rifées.
446 Une Agathe ronde, repréfentant 25.
  un ar re.
447 Deux, ovales. . . . . . . 18.
448 Quatre autres. . . . . . 24.
449 Deux dites. . . . . . 36.
450 Deux, dont une ronde, & l'autre 48.
  ovale.
451 Deux, dont une ovale, & l'autre 12.
  quarrée.
452 Quatre ovales pour bagues. . . . 30.
453 Quatre Agathes pour bagues, ar- 195
  borifées rouges.
454 Quatre autres auffi rouges. . . 130.
455 Deux plus grandes rouges. . . . 12. 15
456 Six Dites rouges. 18. 2
457 Quatorze Agathes arborifées pour 15.
  bagues.
458 Une grande Plaque de Sardoine 18. 4

ovale arborifée, & deux autres quarrées arborifées, laiteufes.

459 Deux fuperbes Cuillieres arborifées portant 31 lignes de hauteur.

460 Trois Plaques & une Cuvette arborifées & de forme différente.

461 Deux très-belles Plaques quarré-
long, arborifées de Sardoine

462 Deux Plaques d'une très - belle
pâte, dont l'une arborifée.

463 Deux autres auffi arborifées.

464 Deux autres pareilles de la plus
grande beauté.

465 Deux autres de 3 pouces 5 lignes,
fur 2 pouces 10 lignes, très-belles &
ovales.

466 Deux autres quarrées avec arborifations jaunes, de 3 pouces 4 lignes,
fur 3 pouces 2 ; de la plus belle matiere.

467 Deux plus petites, ovales arborifées.

468 Deux autres auffi ovales, pareilles, mais plus étroites.

469 Trois Plaques & une Cuvette,
auffi arborifées.

AGATHES.

470 Deux Plaques quarrées piquetées 15.
& deux ovales.

471 Deux belles Plaques riches en 9.
couleur.

472 Deux autres œillées. 4. 10

473 Cinq Plaques variées. . . . . . . 9.

474 Onze Echantillons d'Agathe ru-15. 4
banés & variés.

475 Vingt - huit Echantillons œillés 15.
& rubanés.

476 Quatre Morceaux d'Agathe rou-18.
ge, dont un grand.

477 Quatre belles Plaques, dont deux 16.
rubanées.

478 Huit Morceaux d'Agathe, dont 10. 12.
deux Tabatieres plates avec leurs
deſſus, & deux beaux Morceaux *ru-*
banés.

479 Dix autres Plaques de différentes
grandeurs.

480 Sept autres, dont trois *herbeuſes.* 12.

481 Six autres Plaques & une *Loupe* de 18.
prime; tous ces Morceaux ſont d'un
très-joli choix.

482 Trois Tabatieres d'Agathe d'Al-12. 4.

lemagne, avec leur deffus.

12. 483 Deux autres Tabatieres , dont
une *herbeufe*, l'autre *rubanée* , &
deux autres grandes Plaques quarrées.

8. 10 484 Six autres.

8. 12 485 Neuf autres.

10. 486 Huit autres.

5. 2 487 Quinze autres.

9. 488 Deux Tabatieres en cuvettes avec
leurs deffus.

24. 10 489 Huit Plaques d'Agathe avec des
yeux.

24. 10 490 Une Tabatiere à cuvette , de forme ronde avec fon deffus , deux belles Plaques *herbeufes* & deux Cuillieres.

8. 10 491 Sept autres Plaques , dont trois
quarrées.

PRIME D'AMÉTHISTE.

21. 492 Trois belles Plaques de Prime
d'Améthifte.

16. 19 493 Huit autres belles Plaques de pareille nature.

30. 2 494 Six grandes autres Plaques , &
trois petites , id.

495 Deux Cuvettes de Prime d'Amé-
thiste, une Plaque & un Morceau de
même matiere ; ce dernier est cristalisé & poli sur deux faces.

496 Douze autres Plaques.

JASPES ET CAILLOUX,
de différentes natures.

497 Deux Plaques transparentes, verdâtres, qui paroissent être un Jaspe
très-dur ; cette espéce de pierre est
fort rare ici & vient des Indes ; une
autre de forme quarrée, verdâtre, &
à travers de laquelle on apperçoit
des grenats. On la nomme communément *Prime de grenat.*

497 *bis* Six Plaques formant la Tabatiere complette de Jaspe fleuri, très-
belle.

498 Deux Plaques de Jaspe fleuri rouge, une autre jaunâtre, & une qua-
triéme verte.

499 Cinq Morceaux de différentes
couleurs.

499 *bis* Huit Plaques de très-beau Jaspe vert, transparent & herbé.

500 Une Tabatiere & ses dessus d'un

C vj

Jaspe fond rougeâtre, avec des veines vertes ; cette espéce de Caillou
est peu commune ; deux autres Plaques quarrées.

501 Douze petits Echantillons de Jaspe d'un joli choix.

502 Douze autres.

502 *bis* Deux très-belles Plaques herbées, tachées de rouge, deux autres
herbées.

503 Douze autres Echantillons.

504 Dix autres Plaques grandes &
moyennes.

505 Quatre beaux Echantillons de
Jaspe de différentes couleurs.

505 *bis* Tabatiere de Pseudo-praze de
Bohème.

506 Cinq autres Plaques.

507 Cinq autres.

508 Quatorze autres Echantillons.

509 Douze autres.

510. Dix autres.

511 Quatorze autres.

512 Douze autres.

513 Quinze autres.

514 Douze autres.

515 Douze Grains de Jaspe verd ;

deux petits Etuis, l'un de Jaſpe, &
l'autre de Caillou d'Egypte ; & cinq
autres piéces, en tout vingt - trois
morceaux.

516 Vingt-cinq Echantillons de différentes Pierres.

517 Une belle Plaque quarrée de Jaſpe ſanguin, deux autres Cailloux,
l'un verd, & l'autre avec des veines
rouges, un petit morceau & une Tabatiere compoſée de deux Plaques
imitant le Jaſpe rouge ; ces deux der-
niers morceaux ſont de compoſition.

518 Onze Morceaux de Cailloux différens.

519 Deux Chapelets.

520 Sept grandes Plaques.

521 Sept autres.

522 Vingt-ſix Morceaux ; dont un de
Jade verd.

523 Deux Tabatieres de Caillou de
Rennes & deux Plaques d'une eſpéce
de Jaſpe jaune moucheté de noir.

524 Une Plaque de Caillou d'Angle-
terre, trois autres de Caillou de Rennes & trois autres morceaux.

525 Sept autres dont un Caillou d'An-
gletérre & deux autres de Rennes.

525 *bis* Différens Echantillons de Cailloux, sciés & polis d'un côté, qui feront détaillés.

BOIS PÉTRIFIÉS.

526 Cinq Plaques de Boîs pétrifié.

527 Cinq autres.

528 Cinq autres.

529 Cinq autres.

530 Quatre autres grandes Plaques.

531 Six autres.

ASTROITES.

532 Deux Plaques propres à former
une tabatiere, & trois autres de nature d'agathe.

533 Cinq autres Morceaux de différentes efpéces d'Aftroites.

534 Neuf autres.

535 Une Pierre de Jafpe gris jaunâtre,
dans le milieu duquel eft un blanc
criftalin jouant l'opale ; cet article eft
le numéro 415 du Catalogue de Da-
vila.

536 Onze Colonnes de Lapis de trois

pouces huit lignes de haut, & de huit lignes de diametre, qui feront détaillés.

537 Trois Plaques de Lapis, dont une caffée.

538 Grains de Lapis, qui feront détaillés par vacations.

539 Sept Colonnes d'Albâtre orientale.

PIERRES FINES,

montées & non montées.

DIAMANS, RUBIS, EMERAUDES, SAPHIRS, TOPASES, OPALES, &c.

540 UN Diamant blanc criftalin hors d'œuvre baroque.

541 Une Bague d'un brillant blanc lafque ovale, pefant treize grains & demi, avec huit brillans fur le corps.

542 Une Bague d'un brillant quarré arrondi, pefant 33 grains, criblé de points noirs.

543 Bague d'un brillant blanc ayant de l'eau.

544 Bague d'un brillant blanc de bonne eau, pesant 13 grains & demi.

545 Un Brillant sur lequel est gravée une fleur de lys, pesant cinq grains.

546 Deux Brillans blancs cristalins, l'un sur le couvercle, & l'autre dessous une tabatiere d'écaille noire.

547 Un Brillant jaune sur une plaque d'émail verte, faisant le milieu d'une tabatiere d'écaille noire.

548 Bague d'un brillant jaune forme arondie, pesant 31 grains & demi.

549 Bague d'un diamant jaune médiocre, pesant 9 grains & demi.

550 Un Diamant souci & orangé, pesant 21 grains.

551 Une Bague d'un brillant jaune, monté en lozange sur la feuille verte, pesant 13 grains.

552 Bague d'un diamant jaune verdâtre, monté à jour avec diamans, rubis & émeraudes sur les corps, pesant 11 grains & demi.

553 Bague formant un panier avec rubis, émeraudes & topases.

554 Une Bague d'alliance formée par deux pendeloques, l'une d'un brillant

jaune clair, pefant 13 grains, & l'autre d'un rubis du Bréfil.

555 Autre Bague pareille, le brillant
jaune pefe 10 grains.

556 Bague double alliance entourée
d'opales & diamans blancs

RUBIS D'ORIENT.

557 Un très-beau Rubis oriental pourpre, pefant 12 grains.

558 Un Rubis oval alongé, monté en
bague.

559 Très-petit & très-joli Rubis en
bague.

560 Rubis violet monté en plomb.

561 Une Bague d'un Rubis entouré de
dix brillans blancs.

562 Une Bague repréfentant une fleur
en rubis, &c.

563 Trois petits Rubis montés en épin-
gles.

564 Très-beau Rubis couleur giro-
flée, quarré, taillé à degrés, pefant
15 grains.

565 Rubis pefant 6 grains & demi.

566 Rubis cabochon pefant 7 grains &
& demi.

RUBIS BALAIS.

85.° 567 Un grand Rubis balais très-éten-
du sur plomb.

96.2 568 Une Bague d'un Rubis balais avec
deux brillans sur les corps.

61. 569 Sept Rubis balais.

RUBIS DU BRESIL.

120. 570 Bague d'un Rubis du Bresil avec
deux diamans jaunes sur les corps.

60. 571 Bague d'un Rubis du Bresil entourée de petites roses.

145. 572 Autre d'un même Rubis du Bresil
avec deux diamans jaunes.

141. 573 Deux Boutons & deux Pendeloques Rubis du Bresil montés en chatons, en tout quatre pierres.

73. 574 Huit Rubis du Bresil, montés en
chatons, dont une grande pendeloque.

56. 575 Huit Rubis du Bresil en chatons,
dont un forme pendeloque.

93.5 576 Un grand Rubis du Bresil.

577 Deux grosses Pendeloques Rubis
du Bresil.

52. 578 Trois Rubis du Bresil.

83. 579 Quatre Poires du Bresil percées.

580 Deux grands Rubis glaceux. . . . 45.
EMERAUDES.
581 Grande & belle Emeraude quar- 2400.
rée, montée en lofange avec 60 rofes dont 28 en vert.
582 Très-belle Emeraude quarrée & 1099.19
riche en couleur, quatre diamans
fur les corps.
583 Une Emeraude quarré-long de 105.
belle couleur.
584 Trois Emeraudes, montées en 162.
épingle, dont deux quarrées & l'autre à fix pans.
585 Deux grandes Poires d'Emerau- 1800.
des pefant 46 karats.
586 Une Emeraude gravée des deux 84.
côtés.
587 Une Bague de prime d'Emeraude 150.
chatoyante.
588 Une Emeraude du Brefil quarrée. 15.
589 Une petite Emeraude du Brefil. 6.2
590 Grande Emeraude du Brefil mon- 53.
tée en argent.
591 Une Plaque ovale de prime d'E- 48.
meraude chatoyante fur une tabatiere
d'écaille grife.
592 Différens Morceaux de Prime 62.
d'Emeraude.

SAPHIRS.

592 *bis*. Saphir oriental à 8 pans.

593 Très-joli petit Saphir d'Orient.

594 Un grand Saphir d'Orient.

595 Un grand Saphir *idem*.

596 Un joli Saphir d'eau, huit pans.

597 Saphir clair & quarré, taillé à dégrés.

598 Quatre Saphirs blancs d'Orient, pour boutons de manches.

599 Bague d'un Saphir 8 pans gravé.

600 Deux Loupes de Saphirs clairs.

TOPASES D'ORIENT.

601 Très-belle Topase d'Orient, 8 pans.

602 Une Bague d'une Topase d'Orient, 8 pans 2 br. sur les corps.

603 Une Bague d'une Topase d'Inde, 8 pans.

TOPASES DU BRÉSIL.

604 Bague d'une Topase du Brésil, 8 pans, avec deux diamans pesant 2 gr. $\frac{3}{16}$.

605 Bague d'une très-grande Topase du Brésil.

606 Bague d'une Topafe du Bréfil ;
il y a fur les corps 40 rofes en vert,
& 12 bril. blanc.

607 Une *idem*, avec 2 brillans fur les
corps.

608 *Idem.*

609 Six Poires Topafes du Bréfil
percées.

610 Quatre Topafes, dont deux Pendeloques.

611 *Idem.*

612 Cinq Topafes du Bréfil.

613 Quatorze Topafes du Bréfil.

614 Un pâté de différentes Topafes ;
en tout 44 pierres.

615 Un pâté de Topafes, Amétiftes &c.

GRENATS SYRIENS.

616 Un grand Grenat Syrien, violet,
oval, en plomb.

617 Très-joli Grenat Syrien, 8 pans
en plomb.

618 Bague d'un Grenat Syrien 8 pans.

619 Bague d'un Grenat Syrien quarré
long, entouré de 24 brillans.

620 Un Grenat Syrien 8 pans.

621 Un *idem*, quarré.

GRENATS.

622 Un grand Grenat oval cabochon, taillé en rose.

623 Bague d'un Grenat entourré de roses.

624 Bague d'une belle vermeille.

625 Bague d'un Grenat de belle couleur.

626 Bague d'un Grenat commun.

627 Tasse de Grenat, cassée.

628 Croix de Grenat & son coulant.

629 Grenat gravé.

630 Un pâté de Grenats.

HYACINTES.

631 Très-belle & grande Hyacinte, huit pans en plomb.

632 Hyacinte en cœur, taillée en rose.

633 Pâté de quatorze Hyacintes.

AMETISTES.

634 Une Ametiste gravée.

635 Cinq Ametistes & une Topase glaceuse.

AIGUE MARINE.

636 Une Bague d'Aigue Marine 8 pans.

637 Aigue Marine claire.

PERIDOTS.

638 Grand Peridots d'Orient, 8 pans
en plomb.

639 Bague d'un grand Peridot 8 pans.

640 Peridot d'Orient.

641 Bague d'un Peridot cabochon.

642 Deux Boutons & six Poires de
Peridots, propres à monter pour des
girandoles.

643 Deux Boutons & deux Pendeloques, non-montés.

644 Deux Peridots de forme quarrée,
oblongs, propres à être montés pour
des boucles d'oreilles.

CHRYSOLITES.

645 Une Chryfolite orientale, d'une
belle eau, & propre à être montée
pour une Bague.

646 Trois autres Chryfolites.

OPALES.

647 Une grande Opale, de forme
ovale, d'un pouce dans fa plus grande
étendue ; cette pierre eft propre à
faire un bracelet, & eft d'une riche
couleur.

648 Une autre Opale d'un volume moins confidérable, mais encore d'une grande étendue, de forme ronde, montée en bague garnie de 50 rofes qui forment la bafte & le corps. Cette pierre eft de la plus grande beauté.

649 Une autre de même grandeur, garnie de 36 brillans, pour la bafte & le corps.

650 Une autre de forme ovale, montée en bague, à jour.

651 Une autre montée en bague, de forme ovale.

652 Une autre Bague compofée de fept opales montées en forme de rofes avec fix petits brillans dans les angles.

653 Une Bague de quatre petites opales accompagnées de diamans formant une mouche.

654 Une Opale montée de forme quarrée oblongue.

655 Une autre en forme de cœur de la plus riche couleur.

656 Une autre d'un volume moins confidérable, avec les couleurs les plus vives.

657 Une Opale plus petite, de forme 80.ᵗ
ovale.

658 Une autre. . . . . 72.

659 Un autre joli grain plein de feu. 168.

660 Un plus petit monté sur cire noire. 120.

660 *bis* Une Suite d'échantillons d'O-18240.15
pale & Pierres de lune, de toutes les
espéces différentes.

PIERRES CHATOYANTES.

661 Une Pierre chatoyante gravée, 98.
représentant une tête de Faune d'un
beau travail; elle est montée en bague & accompagnée de deux brillans.

662 Une Pierre chatoyante non mon-78.19
tée, de forme ovale de 18 lignes dans
sa plus grande étendue; cette Pierre
n'est pas commune de ce volume.

663 Deux autres d'un volume moins 55.
étendu.

664 Deux autres. . . . . 20.

665 Deux autres. . . . . 130.

AGATHES *arborifées montées en bagues.*

666 Une jolie Agathe arborifée de 260.
couleur rouge, d'un deffein très-fin.

D

240ª. 667 Une autre arborisée en noir, qui semble représenter un petit paysage ; elle est entourée de roses d'Hollande.

301. 668 Une autre pareillement entourée de roses.

72. 669 Une autre plus petite, entourée de roses.

86. 670 Une autre aussi entourée de roses.

150. 671 Une autre pareille.

128.19 672 Une autre pareille, dont le dessein est très-fin.

180. 673 Une autre garnie de diamans ; les arborisations paroissent sur différens plans.

55.19 674 Une autre.

326. 675 Une autre dont l'arborisation est très fine ; elle est entourée de 18 brillans, le corps & la baste garnie en roses.

98.10 676 Une autre garnie de roses & montée sur une feuille.

199.19 677 Une plus petite bordée de roses ; l'arborisation représente une petite forêt ; elle est noire & rouge & montée sur une feuille.

88.8 678 Une jolie Agathe arborisée, montée en bague fans entourage.

679 Une autre. 31⁴

680 Une autre. 49.19

681 Une autre qui repréfente un payfa-155.
ge, dans lequel on apperçoit une
tour fur une éminence.

682 Une Bague, dont l'anneau & le 261.
chaton font d'agathe, fur laquelle eft
repréfentée une jolie arborifation.

CORNALINES ET AGATHES ONIX
GRAVÉES.

683 Une Agathe gravée, qui repré- 72.
fente une tête de hibou & dont les
yeux font naturels.

684 Une Agathe repréfentant une tête 18.
de finge avec fon œuvre, prête à
monter.

685 Une Cornaline repréfentant la 12.
tête d'une jeune fille, d'un bon travail, avec fon œuvre, prête à monter.

686 Une Cornaline gravée par Barier; 49.4
elle repréfente une belle tête de
femme.

687 Autre Cornaline repréfentant une 151.4.
tête de Minerve; on a profité des

différentes couleurs de la Pierre pour en former le casque.

9. 4 688 Une Tête de vieillard gravée en relief sur une Agathe onix.

9. 6 689 Une Tête de Meduse gravée sur une Agathe onix.

24. 990 Une très-belle Agathe onix dans le goût antique ; elle représente Omphale coeffée d'une peau de lion.

28. 691 Une autre Agathe onix représentant une tête de femme, d'un travail antique.

21. 692 Autre de trois couleurs, représentant deux petits enfans.

85. 693 Une autre de trois couleurs, représentant une tête de femme, de couleur rouge avec un voile blanc, & le fond de la Pierre est noir.

45. 694 Une autre représentant une tête de femme.

26. 695 Un petit Chat gravé sur une couche blanche ; le fond de la Pierre est noir.

39. 696 Agathe de couleur variée, formant une tête de hibou.

50. 697 Une Sarde onix de trois couleurs, représentant Hercule étouffant le

Lion de la forêt de Nemée.

698 Une autre Sarde onix· de trois 43.4
couleurs, repréſentant une belle tête
de femme.

699 Un Fragment de Sarde onix, re- 18.
préſentant des femmes.

700 Une Agathe onix de deux cou- 26.2
leurs, ſur laquelle ſont gravées cinq
figures repréſentant un ſujet de fontaine.

701 Six Pierres gravées, trois grandes 16.5
& trois petites.

702 Dix Pierres gravées de différen- 5.
tes matieres, & deux *Plumes de Paon.*

703 Un petit Enfant couché ſur un lit, 44.19
gravé en relief ſur une agathe onix;
une Tête de femme ſur une agathe
d'Allemagne; un buſte de femme de
même matiere, & deux Plaques gravées.

704 Cent Cornalines gravées, pro- 9.
pres à être montées pour des bagues
ou des cachets.

705 Cent autres. . . . . 8.
706 Cent autres. . . . . 7.
707 Cent autres. . . . . 10.
708 Cent autres. . . . . 9.

D iij

709 Onze Coquilles gravées, représentant différentes têtes.

710 Un Cristal de roche, représentant différens accidens, monté en bague.

TURQUOISES.

711 Une Bague composée de trois Turquoises d'ancienne roche, entourées de diamans.

712 Une autre Turquoise d'ancienne roche, de forme ovale, montée en bague.

713 Deux Turquoises de nouvelle roche, de forme ovale, montées sur des chatons & des pieds de plomb.

714 Plusieurs autres Turquoises d'ancienne & nouvelle roches.

715 Un Morceau d'Ambre taillé pour être monté en bague dans un chaton & sur un petit pied de plomb. On apperçoit très-distinctement au milieu de ce morceau une espéce de mouche du genre de Ichneumoin.

716 Une Pierre de composition, couleur d'aigue marine, sur laquelle est représentée une arborisation en or.

717 Une Bague tournante, repréſen- 54.
tant deux payſages peints à huile.

718 Une autre Bague repréſentant 73.
une tête de femme peinte en migna-
ture ; elle eſt garnie de deux brillans.

719 Un Portrait du Roi, d'une feuille 108.19
d'or appliquée ſur un fond bleu,
monté en bague garnie de quatre
Diamans peints en roſe.

720 Un autre, id. 66.19

PERLES.

721 Un Colier de 35 groſſes Perles 2680.
enfilées, peſant 14 karats.

722 Huit Poires de Perles de la plus 4100.
belle eau, propres à faire des girandoles, peſant 224 karats.

723 Un Colier à ſix rangs, contenant 1800.
384 perles.

724 Un Fil compoſé de 60 perles. 850.19

725 Quatorze Perles plates; dont quel- 800.
ques-unes ſont d'un gros volume &
d'une belle eau.

726 Dix Poires en Perles baroques. 300.

727 Quatre Coques de Perles d'un 9.
grand volume.

D iv

728 Quatre autres de pareille grandeur.
729 Quatre autres d'un volume moins considérable.
730 Quatre autres pareilles.
731 Quatre autres plus petites.
732 Quatre autres pareilles.
733 Quatre autres plus petites.
734 Six autres montées en forme de poires garnies à la tête chacune d'un petit brillant.
735 Vingt-trois autres plus petites.
736 Vingt-six autres de différentes grandeurs.

BIJOUX

ET EFFETS PRÉCIEUX.

737 UNE très-belle Tasse & sa Soucoupe de Cornaline.
738 Autre Tasse pareille ; il y a un cercle d'or au bas de la tasse.
739 Une autre moins rouge.
740 Une Tasse, forme de Gondole, aussi de Cornaline, ayant 3 pouces 9 lignes dans sa plus grande étendue.

741 Une Cuvette & son couvercle de Cornaline, propre à faire une petite tabatiere ; la cuvette est fêlée.

742 Une Cuilliere à tabac, d'Agathe Sardoine, montée en or.

743 Une belle Tasse d'Agathe Sardoine, cannelée & arborisée, avec sa Soucoupe.

744 Autre Tasse de même matiere, avec sa Soucoupe.

745 Deux Tasses d'Agathe orientale arborisée, assorties.

746 Une très-grande & belle Tasse d'Agathe orientale, avec sa Soucoupe.

747 Deux autres grandes Tasses de même matiere, dont une est mamme-lonée en brun.

748 Quatre grandes Tasses d'Agathe d'Allemagne.

749 Deux autres d'une couleur diffé-rente & distinguée.

750 Cinq Tasses d'Agathe, & cinq autres morceaux ; en tout dix piéces.

751 Une Tasse de Jaspe transparent, & une autre plus petite ; un morceau de Jadde, & une Tasse forme de gondole d'agathe Sardoine orientale.

752 Une très-grande Tasse de Jaspe fanguin; largeur 3 pouces 2 lignes, sur une même hauteur.

753 Une Coupe de Jaspe universel, elle est en forme de coquille, avec son pied à patte de même matiere.

754 Vase de Jaspe oriental, transparent, de la plus grande beauté; il vient de M. Sevin.

755 Une main d'Agathe orientale, montée sur un pied d'yvoire; deux autres mains jointes ensemble, formant une alliance.

756 Deux petits Vases & une Coupe forme de gondole, de Serpentine.

757 Un Chapelet composé de 67 gros grains de Jaspe, garnis d'or.

758 Trois Chapelets d'Agathe onix.

759 Un Chapelet de 15 grains de Lapis.

760 Deux Chapelets de Corail travaillés, deux de Cornaline rouge, un blanc, un de Nacre de perles, avec des petits grains de Corail.

761 Un Chapelet composé de noyaux sur lesquels est gravée l'Histoire de l'ancien testament.

762 Trois pierres figurées, dont une

est montée dans un cristal de roche, & entourrée de grenats.

763 Une suite de Jaspes du plus beau choix, qui a été oubliée dans la classe des Jaspes; ils seront détaillés.

764 Deux Vases d'Albâtre couleur d'ametiste, garnis de bronzes dorés d'or moulu.

765 Une Loupe d'Ambre grossissant les objets, montée en or dans un étuy de roussette.

T A B A T I E R E S.

766 Une Tabatiere ovale & à cuvette, d'Agathe orientale persillée, de la plus grande transparence; cette boëte est exaussée par une baste d'or émaillé, sujets d'oiseaux aquatiques; elle vient de M. Sevin.

767 Une Boëte de porcelaine, non-montée, à fond lylas, avec figures en verd; l'intérieur du couvercle représente le feu Roi de Pologne.

768 Autre Tabatiere de porcelaine de Saxe, à fleurs, fond blanc guilloché; dans l'intérieur du couvercle on y voit une chasse.

D vj

16.ᵗ 769 Deux Tabatieres, l'une de porcelaine de Saxe non-montée, & l'autre
de Chine montée.

420. 770 Six Plaques de porcelaine de Séve,
propres à faire une Tabatiere ovale;
une des grandes repréfente deux
chiens, l'autre deux perroquets, deux
autres deux faifans de la Chine, & les
deux dernieres deux oifeaux étrangers ; cette Boëte eft rare par la
beauté de l'exécution.

101. 771 Une grande Boëte quarrée, très-
joliment émaillée, à perfonnages,
fond blanc.

130. 772 Une Boëte ronde, dont la cuvette eft de bois pétrifié, à gorge
d'or, avec un médaillon d'émail fur
le couvercle qui eft d'écaille garnie
d'or.

560. 773 Une grande & belle Boëte ronde,
d'écaille noire enrichie de guirlandes
& rofette d'or ; fur le couvercle eft
un médaillon qui a 2 pouces 3 lignes
de diamètre, repréfentant des fruits
& fleurs peints en émail par *M.*
Mailly.

140. 774 Une Boëte d'écaille noire unie,

avec un médaillon de 2 pouces de diamètre fur le couvercle peint également à fleurs & fruits par *le même*.

775 Une autre Boëte d'écaille grife, avec un très-joli médaillon repréfentant deux enfans.

776 Autre Boëte aufi d'écaille grife, avec un médaillon aufi d'émail, repréfentant un berger & une bergere danfant.

777 Une Boëte d'écaille grife, avec un médaillon repréfentant feu Monfeigneur le Dauphin, peint en émail par *Rouquet*,

778 Autre Tabatiere d'écaille grife, avec le portrait du Roi, peint également en émail par *le même*.

779 Autre Tabatiere d'écaille gris de lin, avec le portrait du Roi, peint à l'huile par *Vincent de Maupetis*.

780 Une Boëte d'or quarrée, à fujets émaillés.

781 Une grande Boëte d'or quarrée pour homme.

782 Une très - belle Boëte d'écaille noire doublée d'or & à galons, avec un médaillon d'or fur le couvercle;

repréfentant des jeux d'enfans, cifelé
par *Augufte*.

182 783 Une Boëte d'écaille noire unie,
avec deux médaillons d'or cifelés l'un
deffus & l'autre deffous.

48. 784 Une Boëte en vernis à points de
Burgos, à cercles d'or.

440. 785 Une Tabatiere d'écaille piquée,
doublée d'or, garniture émaillée.

240. 786 Une Boëte ovale à gorge d'or,
formée de deux plaques d'écaille piquée, l'une deffus & l'autre deffous.

240. 787 Deux plaques quarrées, d'écaille
piquée, propre à faire une tabatiere;
elles font de la plus grande beauté.

24. 788 Cinq plaques d'écaille piquée.

48. 789 Six plaques de bois de rapport,
repréfentant des fujets Chinois,
propres à faire une grande boëte de
chaffe.

28 790 Trois Boëtes d'écaille unies, qui
feront divifées.

612 791 Une Montre d'or à répétition,
par *Julien Le Roy*, avec boutons de
diamans.

33.2 792 Deux Cannes à pommes d'or.
58.

TABLEAUX.

TITIEN VECELLI.

793 Lucréce expirante après s'être
poignardée; la belle expreſſion de
cette figure, l'élégance du deſſein &
la fierté de la couleur, font regar-
der ce tableau comme un des plus
beaux de ce maître; il eſt bordé très-
richement, & *porte 3 pieds 8 pouces
de haut, ſur 3 pieds de large.*

DAVID TENIERS.

794 Un Joueur de Guittare; il eſt aſſis
& derriere lui ſe voit une femme
âgée; elle tient une cruche & un
verre. Ce Tableau, d'une touche
ſpirituelle & tranſparante, étoit ci-
devant ſur bois, & eſt actuellement
ſur toile. *Hauteur 9 pouces 2 lignes,
largeur 7 pouces 6 lignes.*

P. NÉEFFS.

795 L'intérieur d'une Egliſe gottique;
effet de nuit; on y voit pour prin-
cipales figures une ſage-Femme

tenant un enfant ; elle eſt accompagnée d'autres femmes , & précédée
de deux hommes tenant des flam-
beaux. *Hauteur 8 pouces 9 lignes , largeur 12 pouces 6 lignes.* Bois.

H. ZAFTLEEVEN. 1661.

138. 796 Une vue des bords du Rhin , repréſentant des montagnes , les unes
cultivées & les autres en friche ; elles
ſont ſéparées par le Rhin , ſur lequel
on voit nombre de batteaux mar-
chands. Ce Tableau d'un joli détail ,
eſt peint ſur cuivre , *& porte 10 pouces
de haut , ſur 13 pouces de large.*

A. GRYEF.

52. 797 Deux Payſages pendans ; dans
chacun on voit un chien , du gibier ,
de la volaille , & dans le fond un
chaſſeur & deux chiens. Ces deux
morceaux ſont du bon temps de ce
maître. *Hauteur 6 pouces 9 lignes ,
largeur 5 pouces 2 lignes.* Bois.

F. LE MOINE.

1501. 798 Neptune préſente un Négociant

à l'Abondance ; allégorie de la plus riche composition & de la plus aimable couleur. Cette esquisse, très-avancée, devoit être exécutée à la Compagnie des Indes : elle a été gravée par Silveſtre. *Haut.* 14 *pouces* 9 *lig. largeur* 27 *pouces* 9 *lig.* Toile.

F. BOUCHER. 1764.

799 La naiſſance de Venus ; cette déeſſe eſt repréſentée appuyée ſur un dauphin ; elle eſt entourée d'Amours, & eſt accompagnée d'une Nayade & d'un Triton. *Le Vaſſeur l'a gravé. Hauteur* 11 *pouces* 6 *lignes, largeur* 14 *pouces* 6 *lignes.* Toile.

IDEM.

800 Deux Payſages ornés de fabriques & de jolies figures ; dans l'un eſt un moulin, & dans l'autre un petit pont de pierre. *Hauteur* 23 *pouces* 6 *lig. largeur* 29 *pouces* 6 *lignes.* Toile.

J. VERNET.

801 Le Matin ; on voit ſur le devant de ce Tableau, entr'autres figures,

des matelots mettant une barque à
flot ; plus loin une maison bâtie sur
un rocher au bord de la mer. Le Soir
est représenté par un soleil couchant ;
un vaisseau dont les voiles sont dé-
ployées, occupe le milieu du tableau ;
sur le devant des pêcheurs tirent leurs
filets ; plus loin l'entrée d'un port en
opposition à des montagnes. Ces deux
Tableaux ne laissent rien à désirer.
Ils ont été faits à Naples, & *portent*
15 pouces 9 lignes, sur 23 pouces 6
lignes. Toile,

I D E M.

240ξ 802 Une Marine où l'on voit sur le
devant des pêcheurs dans différentes
occupations ; l'heure du jour est le
matin : son pendant est un clair de
Lune dont la lumiere se reflette dans
l'eau. Il est orné de figures, parmi lesquelles on en distingue plusieurs
autour d'un feu dont elles sont éclai-
rées. Ces deux Tableaux, d'un mérite reconnu, *portent 24 pouces de*
haut, sur 35 pouces de large. Toile.

M. CASANOVE.

803 Un Combat de Cavalerie, Tableau de la plus riche ordonnance.
Haut. 6 pouces, larg. 9 pouces. Toile.

M. HALLÉ.

804 Apollon se vengeant du Roi
Midas, en lui faisant croître des
oreilles d'âne. *Hauteur 19 pouces 6
lignes, largeur 15 pouces.* Toile.

M. DE LA GRENÉE.

805 Aréthuse poursuivie par Alphée,
est changée en fontaine par le lecours
de Diane ; Tableau précieux peint
sur cuivre. *Hauteur 14 pouces 6 lign.
largeur 11 pouces 6 lignes.*

M. BACHELIER, 1750 & 1751.

806 Des Raisins & d'autres fruits sur
une peau de tigre ; un tambour de
basque & une pique : pour Pendant
des fleurs grouppées avec des instru-
mens de Musique. *Hauteur 24 pouces,
largeur 18 pouces 6 lignes.*

F. Benard, 1752.

190. **807** Deux Tableaux pendant ; le premier repréfente l'intérieur d'une cuifine ; fur le devant un homme affis auprès d'un tonneau reçoit des mains d'un payfan un liévre que celui-ci lui préfente ; auprès d'eux un fumeur & quelqu'autres figures dans différentes occupations : Le fecond, des gens à table dans une chambre. Ces deux jolis morceaux font peints fur toile, *& portent 8 pouces 6 lignes, fur 12 pouces 9 lignes.*

Idem.

251. **808** La Toilette ; deux morceaux en pendant. *Hauteur 5 pouces 4 lignes, largeur 6 pouces 8 lignes.*

M. Julliar, 1757.

58.5 **809** Deux jolis payfages avec fabriques & figures, forme ovale. *Hauteur 3 pouc. 1 lig. larg. 4 pouc. 4 lig.* Cuivre.

Idem, 1757.

51. **810** Deux autres de forme ronde. *5 pouces 2 lignes de diametre.*

PAR UN MAÎTRE FLAMAND.

811 Sept Morceaux représentant des 4.5.18
infectes, des fleurs & des fruits ; ils
font de la plus grande vérité, &
portent 5 à 6 pouces de haut, fur 7 à
8 de large. Cuivre.

ÉMAUX.

812 Un Portrait de femme de la Cour 72.
de Louis **XIV**, par *Petitot*. Il eft
de forme ovale, & porte 11 *lignes de*
haut, fur 9 lignes de large.

813 Le Bufte de Louis **XV**, par *Au=* 16
bert, forme ovale. *Hauteur 1 pouce,*
largeur 9 lignes.

814 Une Paftorale d'après *F. Boucher;* 100.
elle eft émaillée en relief, fur une
plaque d'or.

815 Deux petits Sujets d'après les 178.12
defleins de M. Vernet ; ils font très-
joliment peints fur plaques d'or, &
portent 1 pouce 8 lignes de haut, fur
2 pouces 5 lignes de large.

816 Trois petits Sujets d'après *La* 24.
Foffe, Ch. Natoire & *F. Boucher;*
ils font de forme ovale, & portent 1
pouce 4 lig. de h. fur 1 po. 1 lig. de lar.

MIGNATURES.

817 Le Portrait de Louis XV en buſte, par M. *Maſſé. Hauteur* 1 *pouce* 8 *lig. largeur* 2 *pouces* 2 *lig.*

818 Autre buſte de Louis XV, d'après *M. Vanloo*; forme ovale. *Hauteur* 1 *pouce* 1 *ligne, largeur* 11 *lig.*

819 Le Portrait de l'Impératrice Reine de Hongrie, buſte de forme ovale. *Hauteur* 1 *pouce* 2 *lig. larg.* 1 *pouce.*

820 Celui de Samuel Bernard, d'après *H. Rigaud*, même forme. *Hauteur* 1 *pouce, larg.* 11 *lig.*

821 Celui d'une Dame habillée en Veſtale; elle tient une colombe. Ce morceau eſt peint par *M. Beaudouin*, même forme. *Hauteur* 2 *pouces, largeur* 2 *pouces* 7 *lig.*

822 Venus endormie, accompagnée de l'Amour; dans un payſage; joli morceau par *M. Charlier. Hauteur* 2 *pouces, largeur* 2 *pouces* 7 *lign.*

823 Salmacis & Hermaphrodite, précieuſement peint par *M. Maſſé,* forme ovale. *Hauteur* 2 *pouces* 6 *lignes, largeur* 3 *pouces* 2 *lignes.*

824 Un homme préfentant un verre à
une jeune fille qui tient une bouteille,
par *le même*, même forme. *Hauteur
2 pouces 1 ligne, largeur 2 pouces 11
lignes.*

825 Une jolie vue par M. *Portail*,
même forme. *Haut. 3 pouces 11 lig.
largeur 3 pouces.*

GOUACHES.

826 Deux Plantes & Fleurs, par
Agricola.

827 Une Tempête fur les côtes, par
J. Ph. Hacxert, 1768.

828 Vue d'une Ruine d'Italie, avec
figures & animaux ; par *fon frere.*

829 Quatre Payfages, vues & marines,
par M. *Perignon.*

830 Riche Payfage orné de figures,
par *L. Barbier.*

PASTELS.

831 Le Portrait d'une Dame de la
Cour ; il eft peint dans la maniere
de M. *Nattier.*

832 Un bufte de vieillard, de grandeur naturelle, par M. *Chardin.*

833 LE Portrait de Sarazin, Sculpteur, Deſſein à la pierre noire & au crayon blanc, ſur papier bleu, par H. Rigaud.

F. BOUCHER.

834 Un ſujet de l'ancien Teſtament, à la plume & au biſtre.

835 La naiſſance de Jeſus-Chriſt, idem.

836 L'Adoration des Bergers, idem.

837 La Madeleine pénitente, idem.

838 Venus & l'Amour, Paſtel.

839 Autre, différemment compoſé, idem.

840 Autre, au crayon noir & blanc, ſur papier bleu.

841 Autre, avec une Colombe, Paſtel.

842 Diane & Endymion, deſſein au biſtre rehauſſé de blanc au pinceau.

843 Pſiché refuſant les honneurs divins, riche compoſition à la plume & au biſtre ; ce Deſſein a été gravé par M. Pariſeau.

844 Trois académies de femmes, au crayon

crayon noir & blanc, fur papier bleu
& gris.

845 Le Fleuve Scamandre, à la pierre 16.
noire & à la mine de plomb, fur
papier blanc.

846 Marche d'animaux dans un Payfa- 90.
ge, deffein à la plume & au biftre,
dans le ftile de *Benedette Caftiglione.*

847 Une Jardiniere, au crayon noir 150
& blanc, fur papier bleu.

848 Une femme vue par le dos ; elle 74.
tient fur fa tête une corbeille de
fleurs, & eft accompagnée de trois
autres femmes, *idem.*

849 La Marchande d'Œufs, *idem.* 66.

850 Jeune fille tenant un panier rempli 60.
de fleurs, & l'autre un fceau ; deffeins
pendans, à la plume & au biftre.

851 Deux Deffeins pendans, repréfen- 24.
tant chacun deux pêcheurs dans un
bateau, *idem.*

852 Petite fille tenant une cage & une 160.
corbeille de fleurs ; & pour Pendant
petit garçon ayant un nid d'oifeaux
dans fon chapeau ; au crayon noir
& blanc fur papier bleu. Ils ont été
gravés par *Fr. Dehardteau.*

E

853 Jolie figure de femme à mi-corps ; elle tient des fleurs ; deffein au crayon noir & blanc , fur papier bleu.

854 Deux Têtes de femmes , au paftel.

855 Une Tête de jeune fille , aux trois crayons.

856 Deux Payfages avec fabriques ; au crayon noir & blanc fur pap. bleu.

857 Deux Payfages & Marines avec figures ; deffeins pendans à la pierre noire fur papier blanc, par *Jof. Vernet.*

858 Le retour de Nourrice, à la plume, lavé au biftre & à l'encre de la Chine, par *J. B. Greuze.*

ESTAMPES MONTÉES.

859 LA Mort de Cléopâtre, d'après *G. Netfcher* , par *J. G. Wille.*

860 Venus endormie, d'après *N. Pouf-fin*, par *J. Daullé.*

861 Quatre Sujets de Fable, d'après *J. B. Le Moine*, par *L. Cars.*

862 Les Baigneufes, d'après *C. Van-loo*, par *Lempereur.*

863 Venus fur les eaux, d'après *Fr. Boucher*, par *P. E. Moitte.*

864 Les Bacchantes endormies, d'a- 18.
près *F. Boucher*, par *R. Gaillard* ;
épreuve avant la lettre.

865 Silvie délivrée par Aminte, *ibidem*, 9.
aussi avant la lettre.

866 Les Quatorze Ports de Mer de 328.
France, d'après *Joseph Vernet*, par
J. P. Le Bas, & *C. N. Cochin*, an-
ciennes épreuves.

867 La Tempête & le Calme, d'après 115.19
le même, par *J. J. Balechou*, épreuves
avant les rayes sur l'écriture.

868 Le coucher de la Mariée, d'après 17.
P. A. Baudouin, par *J. M. Moreau*
& *J. B. Simonet*.

869 Le Pere de Famille, d'après *J.* 30.5
B. Greuze, par *L. F. Martinasie*,
très-belle épreuve.

870 Le Silence, d'après *le même*, par 26.5
C. Donat Jardinier, ancienne épreuve
avec la faute d'ortographe.

871 Le Portrait du Roi de Pologne, 48.
d'après *H Rigaud*, par *J. J. Baléchou*.

872 Celui du Cardinal de Fleury, 22.
d'après *le même*, par *P. Drevet*, sous
glace.

873 Celui de M. le Marquis de Mari- 12.

gny, d'après *L. Tocqué*, par *J. G. Wille*, ancienne épreuve.

874 Quarante-huit feuilles d'oiseaux & infectes enluminés, servant à l'Histoire naturelle de M. de Buffon, *in-4*.

875 Plusieurs Tableaux, Desseins & Estampes.

BRONZES.

876 Un groupe de trois enfans, dont un tient une grappe de raisin, de 7 pouces 6 lignes de haut.

877 Bacchus enfant, monté sur un tigre; il est accompagné d'un Satyre & d'un autre enfant. Pour pendant, autre Bacchus monté sur une chèvre, aussi avec deux enfans. Ces deux morceaux portent 6 pouces de haut.

TERRES CUITES.

878 Deux enfans se disputent une colombe, pendant qu'un troisiéme s'amuse à manger du raisin; joli groupe par *La Rue*; il est de forme ronde de 22 pouces 6 lignes de haut, sur un pied de bois.

879 Deux Enfans, l'un monté fur une 549.19
chevre, & l'autre lui faifant manger
des raifins, par *le même*, h. 7 po. 6 l.

880 Un Enfant tenant un oifeau d'une
main, & une cage de l'autre, par *le
même*, h. 10 pouces.

881 Un Vafe orné d'un bas relief & de 91.19
deux têtes de Satires formant les an-
fes, h. 9 pouces.

882 Trois jolies Têtes d'enfans en cire, 1665.
un Vielleux auffi en cire, le Bufte
d'Henri IV. de grandeur naturelle
en plâtre, quelques autres Figures
en plâtre & en bois.

883 Un Homme nud, il remet fon bas, 24.
figure en bois ; le pied eft revêtu d'un
cercle d'argent, & on y a pratiqué
une petite écritoire auffi en argent.

884 Deux Vafes en ivoire ; ils font 58.19
d'un très-joli travail, à jour & ren-
fermés dans des cages de verre.

LACQUES.

885 Deux Boëtes rondes d'ancien Lac- 24.
que, portant 5 pouces 4 lignes de
diametre, fur 2 pouc. 6 lig. de haut,
fermantes à charnieres & boutons.

886 Une Boëte à six pans d'ancien Lacque, fond noir, avec fleurs & plantes en or & en argent de relief, montée en bronze doré dans le goût Chinois, haut 4 pouc. 6 lig. sur une largeur égale.

887 Deux Boëtes d'ancien Lacque noir & or, le dedans *avanturine* sur pieds découpés avec tiroirs.

888 Une Boëte d'ancien Lacque, fond avanturine vert, en forme de poire, avec branchages & feuilles en or de relief, le dedans en avanturine orangé, hauteur 3 pouces 2 lig.

889 Une Boëte à six pans d'ancien Lacque fond noir, orné de cartouches, ornemens & rosettes, en or de relief, le dedans de cuivre doré, & une Boëte quarrée.

890 Deux Boëtes rondes d'ancien Lacque avec deux Etuis de piéces.

891 Un superbe Etui de piéces du plus rare & du plus beau Lacque, représentant différens chevaux.

892 Une Boëte fond noir, d'un travail très-fin, h. 2 pou. 3 lig. l. pou. 6. lig.

893 Un Plateau de Lacque, fond rou-

ge , avec des feuilles de different or;
il peut former le deſſous d'une écritoire, long. 11 pouces 3 lig. largeur 9
pouces 3 lig.

894 Une Boëte de Lacque fond or , 21.
forme contournée longue.

PORCELAINES.

895 Deux Bouteilles d'ancien Japon, 24.
blanches avec fleurs & fruits en relief ; elles ſont garnies de bronzes
dorés , h. 11 pouces.

896 Deux Flacons, bleu foncé , avec 48. 4
pieds & couvercles de bronze doré,
h. 7. p.

897 Deux grands Oiſeaux d'ancienne 66.
Porcelaine ; ils portent 16 pouces de
haut.

898 Deux Brocs de Porcelaine de 39
Seve, fond blanc, avec bouquets de
fleurs coloriées.

899. Une grande Eguierre & ſa Co- 96.
quille ; elle eſt émaillée avec fleurs
en couleur.

900 Pluſieurs Vaſes, Bouteilles, Taſſes 157. 6
&c. de porcelaine & de terre.

901 Un beau Morceau d'Avanturine 34.

en forme de coquille, monté en fili-
grane de vermeil, ayant 7 pouces
3 lignes de long, fur 3 pouces 3 lignes de large.

12ᵐ. 902 La Charité fous la figure d'une
femme tenant deux enfans, joli morceau d'ambre.

PAGODES, PIERRE DE LAAR, &c.

120. 903 Un Joueur de guittarre & une
femme. Haut. 13 pouces.

80. 904 Une femme tenant du poiffon, &
& une autre un vafe de fleurs, hauteur 13 pouces.
Ces quatre jolies Pagodes à têtes
branlantes viennent du Cabinet
de M. Boucher.

505 Une petite Figure de Pierre de
Laar; elle eft coeffée d'un bonnet,
fur un pied de même matiere, mais
d'une autre couleur, h. 7 pouces.

20. 906 Deux Magots en Pierre de Laar,
& un en terre des Indes.

172.6 907 Plufieurs jolies Figures en Porcelaine de Saxe & de Seves; parmi ces
dernieres on diftingue Hébé, Flore,
la belle Grecque fortant du bain,
&c.

908 Les Médailles d'Henri IV. du
Duc de Sully & de Louis XV. en
Porcelaine de Seves, avec bordures
précieusement sculptées.

909 Un Groupe de Silene avec des
Bacchantes, Porcelaine de Seve,
d'après les desseins de M. *Falconet*.

910 Une Pipe turque avec un tuyau
fort étendu, le tout garni d'argent.

DIFFÉRENS EFFETS.

911 Un Telescope de 16 pouces, par
Paris ; il est dans son étui.

912 Trois Corps d'armoires à trois par-
ties chacun ; ils sont garnis de verres
de Bohème, deux avec 42 tiroirs,
& le troisiéme avec 96. Les tiroirs
sont plaqués de bois de rose.

913 Neuf Tables, dont trois garnies
de glaces & de tiroirs ; elles sont
propres, ainsi que les armoires, à
renfermer des coquilles & autres
morceaux d'Histoire naturelle.

914 Un joli Bureau de quatre pieds ;
il est garni de bronzes dorés d'or
moulu.

915 Deux petits Corps d'Armoires,
garnis de glaces avec tablettes de
marbre & ornemeus de bronzes dorés d'or moulu.

916 Une petite Chiffonniere de bois
de violeate.

917 Une petite Collection de Livres,
parmi lesquels se trouvent le Dic-
tionnaire des Sciences & des Arts
complet, les Cérémonies Religieuses
de Picart, & quelques Livres sur
l'Histoire naturelle. Ils seront vendus
dans la derniere vacation.

F I N.

Lû & approuvé ce 17 Avril 1773.
C O C H I N.

Vû l'Approbation, permis d'imprimer,
ce 20 Avril 1773. DE SARTINE.

FEUILLE D'INDICATION
pour la partie du Cabinet d'Histoire
naturelle de feu M. JACQMIN.

MERCREDI 28 Avril.

NUMÉROS.

1	116	220	295 part.
9	126	228	306
12	135	233	309
19	143	241	316
28	151	249	324
42	159	257	339
50	165 bis.	265	340
58	173	269 part.	356
66	180 bis.	275	369
74	188	276 part.	371
82	196	277	378
91	204	285	384
102	212	293	
105	217 part.	295 part.	

JEUDI 29.

NUMÉROS.

2	59	113	174
16	67	127	181
20	75	136	189
27	83	144	197
35	90	152	205
43	92	160	213
51	103	166	218

Suite de la Vacation du Jeudi
NUMÉROS.

221	269 part.	295 part.	342
229	276 part.	301	357
234	276 part.	310	367
242	278	317	368
250	286	325	370
258	294	326	
266	295 part.	341	

VENDREDI 30.
NUMÉROS.

4	114	222	295 part.
17	121	230 part.	302
24	128	235	311
29	137	243	318
36	145	251	327
44	153	259	328
52	161	267 part.	343
60	167	269 part.	344
68	175	276 part.	358
76	182	276 part.	365
86	190	279	366
93	198	287	379
99	206	295 part.	385
104	214	295 part.	

LUNDI 3 May.
NUMÉROS.

5	30	53	77
18	37	61	87
25	45	69	94

[3]

Suite de la Vacation du Lundi.

NUMÉROS.

101	183	267 part.	329
106	191	270	330
114	199	276 part.	345
122	207	276 part.	346
129	215	280	363
138	223	288	364
146	230 part.	295 part.	375
154	236	295 part.	380
161 bis.	244	295 part.	
168	252	303	
176	260	319	

MARDI 4.

NUMÉROS.

6	117	224	296
15	123	230 part.	304
26	130	237	312
31	139	245	320
38	147	253	331
46	155	261	332
54	162	267 part.	347
62	169	271	348
70	177	276 part.	362
78	184	276 part.	372
88	192	281	376
95	200	289	381
100	208	295 part.	
107	216	295 part.	

MERCREDI 5.
NUMÉROS.

7	118	225	297
13	124	230 part.	305
21	131	238	313
32	140	246	321
39	148	254	333
47	156	262	334
55	163	268 part.	349
63	170	272	350
71	178	276 part.	361
79	185	276 part.	373
85	193	282	382
89	201	290	386
96	209	295 part.	387
108	217 part.	295 part.	

JEUDI 6.
NUMÉROS.

8	125	226	298
11	132	231	307
22	141	239	314
33	149	247	322
40	157	255	335
48	164	263	336
56	171	268 part.	351
64	179	273	352
72	186	276 part.	360
80	194	276 part.	374
84	202	283	377
97	210	291	383
110	217 part.	295 part.	
112	219	295 part.	

[5]

VENDREDI 7.

Nᴜᴍᴇ́ʀᴏs.

3	119	217 part.	295 part.
10	120	227	299
14	133	232	300
23	134	240	308
34	142	248	315
41	150	256	323
49	158	264	337
57	165	269 part.	338
65	172	274	353
73	180	276 part.	354
81	187	276 part.	355
98	195	284	359
109	203	292	
111	211	295 part.	

On distribuera incessamment la Feuille d'indication pour les Bijoux, Pierres précieuses, Porcelaines, &c.

ERRATA DU CATALOGUE.

Page 8, *ligne* 8, d'espece différente, *lisez* d'especes différentes.

Page 8, *article* 47, même faute à corriger.

Page 11, *art.* 63, *bois-vainé*, lis. *bois-veiné*.

Page 12, *art.* 78, *Casque à clouds bleus*, lisez *bleu*.

Page 18, *art.* 127, *Conca Veneris*, lisez *Concha Veneris* dans cet article & dans tous ceux où la même faute est répétée.

Page 20, *art.* 144, une Came couronnée, *lisez* nommée.

Page 21, *art.* 153, un Cœur nommé le *Chou*, ajoutez, & une *tuillée*

Page 25, *art.* 180, également pourpre & jaune, *lisez*, pourpres & jaunes.

Page 30, *art.* 213, *groupés*, lisez *groupées*.

Page 30, *art.* 216, groupés, *lisez* attachés.

Page 31, *art.* 221, ce qui est très-difficile, *lisez* qui sont très-difficiles.

Page 35, *art.* 249, & un en Méandrite, *lisez* & une *Méandrite*.

Page 36, *art.* 264, nommé *Gateau*, lisez nommée.

Page 37, *art.* 270, *Stalaétique*, lisez *Stalaétite*.

Idem, *art.* 271, *Stalagmitte*, lif. *Stalagmite*.

Idem, *même art. Ludus elmonti*, lisez *Ludus helmontii*.

Idem, *art.* 273, Romonidal, *lif.* Romboïdal.

Page 38, *art.* 278, Seluniteux, *lif.* Seleniteux.

Idem, *art.* 279, fusile, *lisez*, fusible.

Page 38, *art.* 280, feluniteux, *lif.* feleniteux.

Idem, *art.* 281, même faute à corriger.

Page 39, *art.* 282, Bazafte, *lifez* Bafalte.

Idem, *art.* 283, gifpe, *lifez* gyps.

Page 40, *art.* 300, gypft, *lifez* gyps.

Page 41, *art.* 305, mercures & cinebres, *lifez* mercure & cinabre.

Idem, *art.* 306, Pirritte, *lifez* Pyrite.

Page 42, *art.* 317, fer feculaire, *lifez* fpé-culaire.

Idem, *art.* 318, hematique, *lif.* hematite.

Idem, *art.* 320, même faute à corriger.

Idem, *art.* 322, même faute à corriger.

Idem, *art.* 323, même faute à corriger.

Page 43, *art.* 324, Pirrites, *lifez* Pyrite.

Idem, *art.* 325, vert de montagne, *lif.* verd.

Idem, *même art.* du fpalt, *lifez* fpath.

Idem, *art.* 326, même faute à corriger.

Idem, *art.* 331, même faute à corriger.

Page 44, *art.* 332, même faute à corriger.

Idem, *même art.* un vert, *lifez* verd.

Idem, *art.* 334, quarts, *lifez* quatre.

Idem, *art.* 337, fpalt, *lifez* fpath.

Idem, *art.* 338, plomb vert, *lif.* plomb verd.

Idem, *art.* 339, même faute à corriger.

Page 45, *art.* 342, même faute à corriger.

Idem, *art.* 343, même faute à corriger.

Page 46, *art.* 351, Poulavoinne, *lifez* Pou-lavoine.

Idem, *art.* 353. plomb vert, *lifez* plomb verd.

Idem, *art.* 356, étaims noirs, *lif.* étaim noir.

Idem, *même art.* Pirrittes, *lifez* Pyrites.

Page 47, *art.* 360, fpalt, *lifez* fpath.

[4]

Page 47 ; *art.* 361 , fpalt , *lifez* fpath.

Idem , *art.* 367 , pirrittes , *lifez* pyrites ;
fpalt , *lifez* fpath.

Idem , *art.* 368 , même faute à corriger.

Idem , *art.* 369 , même faute à corriger.

Page 48 , *art.* 378 , même faute à corriger ,
pirrites , *lifez* pyrites , ainfi que dans les
num. 380 , 384 & 385.

Page 59 , *art.* 499 *bis.* Jafpe vert , *lifez*
Jafpe verd.

Page 64 , *art.* 547 , d'email verte , *lifez*
d'émail verd.

Page 67 , *art.* 581 , en vert , *lifez* en verd.

Page 69 , *art.* 606 , rofes en vert , *lif.* en verd.

Page 78 , *art.* 715 , ichneumoin , *lifez*
ichneumon.

Page 91 , *art.* 803 , hauteur 6 pouces , larg.
9 pouces , *lifez* haut. 6 pieds , largeur
9 pieds.

Page 95 , après le Numero 830 , *ajoutez* ,
N°. 830 *bis.* Deux Bouquets de fleurs
à gouache , par M. *Perignon.*

FEUILLE D'INDICATION

pour la vente des Bijoux, Pierres précieuses, Porcelaines, &c.

Du Cabinet de feu M. JACQMIN.

SAMEDI 8 May 1773.

369, 400, 412, 434, 435, 447, 459, 471, 483, 495, 504, 516, 525 bis. partie. 533, 538 part. 555, 556, 574, 580, 603, 611, 623, 635, 660 bis. partie. 660 bis. partie. 670, 682, 694, 713, 733, 734, 741, 753, 768, 778, 790, 890, 907, 908.

LUNDI 10.

395, 401, 413, 433, 436, 448, 460, 472, 484, 496, 505, 505 bis. 525 bis. partie. 534, 538 part. 554, 566, 575, 592, 602, 612, 624, 636, 659, 660 bis. partie. 660 bis. partie. 671, 683, 695, 714, 732, 735, 742, 755, 767, 779, 884, 892, 906, 909.

MARDI 11.

394, 402, 414, 432, 437, 449, 461, 473, 485, 497, 506, 517, 525 bis. partie. 535, 538 part. 553, 565, 576, 591, 600, 613, 615, 637, 658, 660 bis. part. 660 bis. part. 672, 684, 696, 715, 731, 736, 743, 756, 769, 780, 885, 893, 905, 910.

MERCREDI 12.

393. 403, 415, 431, 438, 450, 461, 474,
486, 497 bis. 507, 518, 525 bis. partie.
536 part. 538 part. 552, 564, 577, 590,
599, 614, 626, 638, 657, 660 bis. partie.
661, 673, 685, 697, 716, 730, 737, 744,
757, 771, 781, 886, 894, 904, 911.

JEUDI 13.

392, 404, 416, 430, 439, 451, 463, 475,
487, 498, 508, 519, 525 bis part. 536 part.
538 part. 551, 563, 578, 589, 598, 604,
615, 627, 639, 656, 660 bis. partie. 662,
674, 686, 698, 712, 729, 738, 745, 758,
772, 782, 895, 903.

VENDREDI 14.

391, 411, 417, 429, 440, 452, 464, 476,
488, 499, 509, 520, 525 bis part. 536 part.
538 part. 550, 562, 567, 588, 597, 605,
616, 618, 640, 655, 660 bis. partie. 663,
675, 687, 699, 710, 728, 739, 746, 759,
777, 783, 896, 902.

SAMEDI 15.

390, 410, 418, 428, 441, 453, 465, 477,
489, 499 bis. 510, 521, 527, 536 part.
538 part. 549, 561, 568, 587, 596, 606,
617, 629, 641, 654, 660 bis. partie. 664,
676, 688, 700, 709, 727, 740, 747, 760,
776, 784, 888, 901.

[3]
LUNDI 17.

389, 409, 419, 427, 442, 454, 466, 478,
490, 500, 511, 522, 528, 536 part. 538
part. 547, 560, 569, 586, 595, 607, 618,
630, 642, 653. 660 bis. partie. 665, 677,
689, 701, 708, 725, 726, 748, 761, 775,
785, 791, 900.

MARDI 18.

388, 408, 420, 426, 443, 455, 467, 479,
491, 501, 512, 523, 529, 537, 538 part.
546, 559, 570, 584, 594, 601, 619, 631,
643, 652, 660 bis. partie. 666, 678, 690,
702, 707, 720, 724, 749, 762, 774, 786,
792, 899.

MERCREDI 19.

397, 407, 421, 425, 444, 456, 468, 480,
492, 502, 513, 524, 530, 538 part. 539,
544, 558, 571, 583, 593, 608, 620, 632,
644, 651, 660 bis. partie. 667, 679, 691,
703, 706, 719, 723, 750, 763, 773, 787,
889, 898.

VENDREDI 21.

398, 406, 422, 424, 445, 457, 469, 481,
493, 502, bis. 514, 525, 531, 538 part.
540, 542, 557, 572, 582, 592, bis. 609,
621, 633, 646, 649, 650, 668, 680, 692,
704, 711, 718, 722, 751, 764, 770, 788,
887, 897.

SAMEDI 22.

399, 405, 405, 423, 446, 458, 470, 481,
494, 503, 515, 526, 532, 538 part. 541,
545, 548, 573, 579, 581, 585, 610, 622,
634, 645, 647, 648, 669, 681, 693, 705,
717, 721, 752, 754, 765, 766, 789, 891.

---

*Différens Numeros de Mignatures,
Terres cuites, &c qui avoient été indiqués
pour être vendus le 26 & le 27, n'ayant
pas pû l'être, feront distribués dans les
différentes Vacations.*